KB274400

청소년에게 주는 희망 이야기

청소년 개발 멘토링 실전전략

셀프업 27

청소년에게 주는 희망 이야기

청소년 개발 멘토링 실전전략

류재석 지음

이담 Books

이 책은 청소년 개발과 영재개발 과정에서 인간성을 주요 테마로 다루고 특별히 올림픽 금메달선수(Gold Star) 4명과 월드스타선수(World Star) 4명, 그리고 영재급 선수 등 12쌍의 청소년 스타의 희망이야기를 전하고 멘토링 활동에서 벤치마킹 자료로 활용할 수 있도록 했다.

학교, 교회, 사회 3그룹에 속한 청소년을 위한 실행 프로그램으로 멘토링에 관한 올바른 이론 정립과 3그룹을 위한 각기 시스템 구축방법을 다루었고 청소년을 직접 지도할 멘토의 중요성을 감안하여 멘토의 3가지 개발 방법과 멘토를 위한 경청, 소통, 상담 등 3가지 기술을 다루었다.

멘토링은 청소년 멘제가 중심이다. 이 멘제 개발 차원에서 자아개발, 정체성 찾기, 적성검사 등 3가지 심리검사와 성격개발, 인격개발, 창의개발게임을 다루어 멘제 스스로 자생력 개발을 할 수 있도록 하였다.

마지막으로 멘토/멘제 현장 실행 프로그램으로 교육, 활동 그리고 평가 프로그램을 담아 매뉴얼 방식으로 다루어서 청소년 멘토링 활동지침서로 활용할 수 있도록 하였다.

1. 이 책의 서언(Preface)

　금번(청소년 멘토링)은 이론보다는 현장에서 활용될 수 있도록 실행 프로그램을 담아 매뉴얼 형식으로 엮었다. 특히 멘토/멘제가 현장에서 활동 촉진될 수 있도록 실행지침으로 활용하기를 기대한다.

1) 청소년 멘토 리더십 포커스 - 5

(1) 관계멘토 - 오늘날 자기중심의 이기주의를 보완해서 멘토는 청소년 멘제인 타인을 배려하는 (Othering) 이타주의 리더십이다.

(2) 전인멘토 - 단편적인 학력 위주를 보완해서 멘토는 전인적 지원(전문지식, 정서, 윤리)으로 청소년 멘제를 인격적인 차세대 리더(Post Leader)로 개발한다.

(3) 장기멘토 - 일회성이나 이벤트적인 것을 보완해서 멘토는 일정기간 과정중심으로 함께 생활함으로써 멘제를 자기와 같은 멘토로 재생산(Reproducting)한다.

(4) 수준멘토 - 평준화 경쟁 위주의 현행 교육을 보완해서 멘토는 멘제의 수준이나 니즈(Needs)에 맞게 대응해 주는 페어(Fair) 리더십이다.

(5) 섬김멘토 - 아버지의 엄한 리더십을 보완해서 어머니의 섬기는(Servant) 리더십으로 멘제를 위해 인격존중, 가치인정, 장점부각, 사랑과 칭찬해 주는 리더십이다.

2) Trio Mentoring System

학교 멘토링: 초·중·고 학생으로 정규교육을 받는 청소년이
대상이다.
교회 멘토링: 교회 소속 초·중·고 학생이 대상이다.
사회 멘토링: 학교나 교회 체계에서 벗어나 있는 청소년이 대상
이다.

3) 청소년 멘토링 목적

오늘날 가정·학교·사회 등 청소년을 보호하고 있는 체계의 기
능 약화로 위기의 청소년이 증가하고 있어 심각한 사회 문제점으
로 대두되고 있다.

금번 청소년 멘토링은 멘토링 활동 프로그램을 전문가적인 입장
에서 체계적으로 관리하여 학력 위주의 교육을 보완해서 멘토를
세워 1 : 1로 전문적 지원, 정서적 지원, 윤리적 지원으로 인간성을
회복하고 오늘의 청소년을 내일의 인격을 갖춘 리더로 세우는
(Standing Together) 프로그램이다.

2. 이 책의 내용(Contents)

Theme 1 Story 멘토링 개념 정리

멘토링은 인간의 특성을 연구하고 그 역량을 개발하여 차세대

리더로 세우는 일이다. 이 테마에서는 멘토링에 관한 올바른 개념
정리와 청소년 멘토링의 필요성과 효과성을 다루었다.

　1) 멘토링 올바른 개념 정리

　2) 청소년 멘토링 효과성

Theme 2 System 멘토링 시스템 구축

학교·교회·사회에 소속한 청소년 그룹을 대상으로 서로 간 차
별성과 공통점을 다루었다. 멘토링에 관한 시스템 구축과 운영 방
법을 다루었다.

　1) 학교 멘토링 시스템

　2) 교회 멘토링 시스템

　3) 사회 멘토링 시스템

Theme 3 Mentor 멘토제도 체계적 관리 실무

이 테마에서는 청소년 멘토에 관한 체계 있는 관리방법, 멘토 개
발의 의미 그리고 멘토 스스로의 자생력 개발에 관한 내용을 다루
었다.

　1) 멘토 관리방법 – MPC

　2) 멘토 개발 의미 Development

　3) 멘토 자기개발 Self Scored

Theme 4 Skill 멘토 개발기술

청소년 멘토는 미성년이라는 특성으로 그에 상당한 전문 기술의 필요성이 대두되므로 먼저 청소년을 상대할 때 귀를 여는 경청기술, 서로 간 원활하게 대화를 나누는 소통기술 마지막으로 문제점을 주고받을 수 있는 멘토의 상담 기술을 다루었다.

1) 멘토 경청 기술
2) 멘토 소통 기술
3) 멘토 상담 기술

Theme 5 Game(1) 청소년 심리개발게임

대부분 청소년은 심리상태가 유동적이다. 불안한 청소년 멘제가 멘토와 삶을 나누는 동안에 먼저 자신의 정체감 찾기 게임, 자아개발게임, 그리고 미래 사회의 적응력으로 적성검사 등 3가지 심리검사 방법을 다루었다.

1) Identity Design Game
2) Egogram Design Game
3) Aptitude Design Game

Theme 6 Game(2) 청소년 인격개발게임

멘토링은 상호간 관계를 활성화하면서 궁극적으로는 멘토와 멘제의 인간성장에 목적을 두어야 한다. 그래서 멘토링 활동은 반드시 목표가 수반된다. 이 테마는 멘제의 인격개발을 위한 성격개발게임, 인격개발게임, 창의개발게임 등 3가지 게임으로 인격개발 목표 달성 방법을 소개하였다.

1) Lynchpin Game – 성격개발게임
2) Star Game – 인격개발게임
3) Brain Game – 창의개발게임

Theme 7 Manual 청소년 실행 프로그램

이 테마는 가장 중요한 멘토와 멘제가 현장에서 활동하는 3가지 프로그램을 소개한다. 먼저 교육 프로그램, 개별활동 및 그룹활동 프로그램 그리고 평가 프로그램을 다루었다. 매뉴얼 방식으로 멘토/멘제가 활동기간 동안 활동지침서로 활용할 수 있도록 했다.

Process 1 – 준비 과정 프로그램
Process 2 – 활동 과정 프로그램
Process 3 – 평가 과정 프로그램

Theme 8 Case 청소년 지원 멘토링 Best – 10

이 테마는 청소년 개발과 영재개발 과정에서 인간성(Hightouch)을 주요 테마로 다루고 특별히 올림픽 금메달선수(Gold Star) 4명과 월드스타선수(World Star) 4명 그리고 영재 스타 4명 등 12쌍의 청소년 스타 탄생을 모델로 내세워 그중 '멘토 역할 적합성 평가'를 분석 자료로 제공하여 올바르게 멘토링을 하는 데 지침서로 활용할 수 있도록 했다.

1) Gold Star Best – 4명 올림픽 금메달 사례

   NO1 수영 박태환/노민상 멘토

   NO2 역도 장미란/김동호 멘토

   NO3 유도 최민호/이병근 멘토

   NO4 탁구 유승민/김택수 멘토

2) World Star Best – 4명 국제대회 우승자 사례

   NO5 축구 박지성/히딩크 멘토

   NO6 풋볼 하인스/김영희 멘토

   NO7 골프 신지애/전현지 멘토

   NO8 바둑 이창호/조훈현 멘토

3) 영재 Star Best – 4명 영재 천재급 사례

   NO9 피겨 김연아/박미희 멘토

   NO10 첼로 장한나/서혜연 멘토

   NO11 골프 박세리/박준철 멘토

   NO12 피아노 김선욱/김대진 멘토

＊ 이 책의 출간 감사 Thanks

멘토링 코리아 설립 당시(1998. 2. 1.) Bob Biehl 박사(美 멘토링 전문가)와 William Gray 교수(加 브리티시 대학)로부터 전화, 이메일, 책자 등의 귀중한 자료를 제공받은 것에 대하여 두 분에게 진심으로 감사를 드린다.

초창기부터 한국적인 정서에 맞는 올바른 이론 정립과 생산성 확보에 필수적인 실행 프로그램을 개발하는 데 전문연구원으로 동참한 민홍기 박사, 김영회 박사, 최창호 박사, 최명국 박사, 탁충실 위원 그리고 최근에 합류한 김순환 박사, 이제빈 박사, 한광훈 박사, 김해영 박사, 조병용 박사, 김동철 박사, 김성일 군목, 조주영 박사, 안만수 박사, 전종현 위원, 박화현 위원, 문일상 위원에게 감사를 드린다.

멘토링 자격증을 취득하고 전문업체로 멘토링 보급에 파트너십을 하고 있는 김호정 원장(멘토링솔루션), 이용철 원장(한국멘토링코칭센터), 나병선 대표(멘토링코리아컨설팅), 홍은경 소장(핸즈코리아), 이영남 대표(SMI KOREA), 신정범 목사(큰비전교회), 이순길 목사(소망교회)와 그 외 현장에서 멘토링 보급에 앞장서고 있는 66명 멘토링 지도사에게 감사를 드린다.

멘토링 불모지 한국에서 정부기관 도입에 앞장선 노동부 부천지청 최광휘 사무관, 농림수산부 신경순 사무관, 지식경제부 김영화 서기관, 행정안전부 이정래 서기관, 그리고 최근 교육과학기술부

임용우 팀장님께 감사를 드린다.

멘토링은 저자에게 하나님이 25년 만에 기도의 응답으로 주신 선물(Gift)이다. 이에 감사하는 마음으로 멘토링에 열정을 가지고 다이아몬드와 같은 고품질의 프로그램으로 개발하여 1) 하나님께 영광, 2) 조직개발에 기여, 그리고 3) 많은 사람에게 유익을 주고자 한다(고전 10:31∼33).

저자의 멘토로서 8년간 저자에게 청교도 삶을 각인시킨(1980∼1988) 故 김용기 장로님(가나안농군학교 설립자)과 대를 이어 멘토링 관계를 이어 오고 있는 김평일 가나안농군학교 교장께 감사를 드린다.

이 책이 발간되기까지 짧지 않은 세월 속에서 기도의 응원군인 서현교회 김경원 목사님과 성도님들, 그리고 저자의 에너지 근원이 된 아내 임금자를 포함한 가족인 류환, 류현, 한현숙, 류경헌, 류지영, 안성훈에게 감사를 드린다.

마지막으로 어려운 여건 속에서도 기꺼이 출판을 맡아 수고한 한국학술정보㈜ 출판사 임직원들께 심심한 감사를 드린다.

2010. 01. 01.
저자 류재석 드림

목 차

Theme 1   Story 멘토링 개념 정리 / 17

1장 멘토링 올바른 개념   19
2장 청소년 멘토링 효과성   25

Theme 2   System Trio System 멘토링 / 31

1장 학교 멘토링 시스템   33
2장 교회 멘토링 시스템   39
3장 사회 멘토링 시스템   45

Theme 3   Mentor 멘토 개발방법 / 51

1장 멘토 관리방법   53
2장 멘토 개발 의미   63
3장 멘토 자기개발   72

Theme 4   Skill 멘토 개발기술 / 87

1장 경청 촉진 기술 Listening Skill   89
2장 소통 촉진 기술 Communication Skill   107
3장 상담 개발 기술 Counseling Skill   127

Theme 5 Game(1) 심리개발게임 / 145

게임 1 Identity Game 정체감개발게임   147
게임 2 Egogram Game 자아개발게임   159
게임 3 Aptitude Game 적성개발게임   166

Theme 6 Game(2) 인격개발게임 / 181

게임 1 Lynchpin 성격개발게임   183
게임 2 Star Game 인격개발게임   196
게임 3 Brain Game 창의개발게임   208

Theme 7 Manual 매뉴얼 작성실무 / 215

Process 1 도입 과정 교육 프로그램   217
Process 2 활동 과정 활동 프로그램   228
Process 3 평가 과정 평가 프로그램   238

Theme 8 Case 청소년 멘토링 Best – 12 / 245

1. Gold Star Best – 4명   249
2. World Star Best – 4명 국제대회 우승 사례   269
3. 영재 Star Best – 4명 영재 천재급 사례   290

Theme 1
Story 멘토링 개념 정리

멘토링 올바른 개념

1. 멘토링 유래와 의미

멘토링(Mentoring)은 아주 오래된 이론으로, 그리스신화(B.C.1250년대 트로이(Troy) 전쟁을 소재로 한 호머 저서)에 등장하는 오디세우스 아들 텔레마쿠스(Telemachus)의 지도를 맡길 정도로 신임했던 그의 친구 멘토(Mentor)의 이름에서 유래했다.

오늘날 지식시대의 출현과, 지속적인 학습의 장으로 변모한 학교의 풍토로 인해, 멘토링은 각 조직의 운영자(CEO)가 수행해야 할 가장 중요하고 가치 있는 역할 가운데 하나로 새롭게 부상하고 있다.

역할모델이 되고, 피드백을 제공하고, 재능을 키워 주고, 발전을 독려하며, 개인과 팀의 장점을 이끌어 냄으로써, 운영자는 멘토링을 통해 조직 내의 결속을 다지고, 궁극적으로 학교의 업무 수행 능력과 수익성을 높일 수 있으며, 필요한데도 떠나려는 직원들의 이직을 낮출 수도 있다.

하지만 훌륭한 스승이 되는 일이 쉬운 일이 아닌 것처럼, 멘토링은 아무나 구사할 수 있는 쉬운 기술은 아니다.

그렇다고 CEO나 리더 혹은 팀장들이 멘토가 되는 일을 두려워해서는 안 된다. 멘토의 역할을 맡을 리더들이 적은 조직에서는 훌륭한 직원들이 성장할 수 없고, 조직구성원들의 브레인 파워(Brain Power)를 사장시키는 조직에는 지식 시대의 미래가 있을 수 없다.

다행히 오늘날 멘토가 되기 위해서 멘토링에 관한 모든 기술들은 일정한 학습과 훈련을 통해서 충분히 습득할 수 있는 것이다. 변화와 경쟁을 즐기면서 리드(Lead)하는 조직이 되기 위해서는 구성원 간 자율 학습과 지식 이전을 하는 조직이 되어야 하고, 그러한 조직에 필수적으로 멘토가 필요하다.

[참고용어]

멘토(Mentor) – 전인적인 삶으로 멘제에게 조언을 해 주는 사람

멘제(Menger) – 자기 역량 개발에 의욕을 가지고 멘토의 도움을
받는 사람

멘토링(Mentoring) – 멘토와 멘제가 일대일 관계를 맺고 리더개발
이라는 특별한 목표로 활동하고 있는 상태

2. 멘토링 특징(Feature)

멘토링의 특성은 멘토링 리더십에 관한 내용을 요약한 것으로 일반 리더십과 멘토링의 차별성과 시너지를 다룬 내용이다.

일반 리더는 양(量) 관리와 멘토는 질(質) 관리로 구분할 수 있으나 상호 시너지(Synergy)로 인재경쟁력을 확보하여 이상적인 유기체

조직을 구축할 수 있다.

조직개발에서는 멘토가 인간성(Humanity)을, 일반 리더가 생산성(Productivity)을 담당하여 효과적인 성과를 도출하는 프로그램이다.

특성 1 멘토링의 이념(Idealogy)

멘토링의 이념은 인간존중에서부터 출발한다. 여기서 **인간존중**이라는 의미는 멘제의 무한대한 잠재력을 개발해 준다는 것이다. 바로 그냥 놔두면 5% 정도 개발될 것이 멘토가 관여함으로써 더욱 %를 업그레이드시켜 준다는 것이다(보통사람 5% 개발, 노벨상 수상자 10% 개발, 에디슨 15% 개발).

특성 2 멘토링의 정의(Definition)

멘토링의 정의는 멘토와 멘제의 **인간관계를 촉진**한 데 있다. 카네기재단의 발표자료에 의하면 성공한 사람 10,000명을 상대로 성공요인 설문조사의 결과 8,500명(85%)이 인간관계에 있다고 대답하고 있다. 국내 직장생활에서 가장 중요하다고 대답한 것이 인간관계가 45%로 제일 높게 나타나고 있다. 그렇다면 멘토와 멘제 간에 어떠한 기준으로 관계가 설정되어야 하는가? 바로 존경과 신뢰관계를 들 수 있다.

특성 3 멘토링의 목적과 목표

멘토링의 목적은 멘제를 차세대 **리더로 세우는** 일(Standing

Together)이다. 리더라는 개념은 사회적으로 위대한 지도자라는 뜻도 있지만 조직적용 멘토링에서는 도움을 받는 멘제가 훗날 도움을 주는 멘토로 삶의 태도가 바뀌는 것을 말한다. 조직에서의 목표는 바로 멘제가 멘토로 변함으로써 중간지도자를 개발하게 되는데 결국 인재경쟁력을 확보하게 되는 것을 의미하고 개인에게서의 목표는 인격가치를 업그레이드하는 것을 의미한다.

목적: 차세대 리더개발 - 멘제를 멘토로 재생산(Reproducting)
목표: 1) 개인목표 - 인격개발 - 인격을 갖춘 리더로 성장하여 자아실현 계기 마련
　　　 2) 조직목표 - 성과개발 - 인간성 바탕 위에 각 조직별로 경영/교육/목회/업무 효과를 얻는 계기 마련

특성 4 멘토링의 내용(Contents)

멘토링 핵심 내용(Contents)은 인격(知, 情, 意) 자체다. 그러므로 멘토링 활동은 바로 지적(知的)에 치우친 지식이나 기술보다는 전인적인 삶으로 조언해 주는 인재개발이 되어야 한다. 그 기원은 그리스신화에서 멘토(Mentor) 스승이 텔레마쿠스(Telemachus) 왕자를 20년간 멘토링할 때 교재로 수학(知를 상징), 철학(情을 상징), 논리학(意를 상징)을 사용했다는 데서 기인한다.

특성 5 멘토링의 전략(Strategy)

멘토링의 전략은 멘제 중심의 **일대일(One to One)**서비스를 말한

다. 멘제 중심의 서비스란 일반 리더십이나 유사 멘토링에서 리더 중심으로 리더 1에 소그룹으로 활동이 이루어지는 것과 큰 차이가 있는 것이다. 그러므로 멘제 중심의 일대일 의미는 멘제 1에 멘토 1, 멘토 2, 멘토 3 등을 의미한다. 언제나 멘제는 1이다.

3. 멘토링 효과(Effective)

1) 멘토링 상호 유익

멘제이익	멘토가 멘제에게 조직 분위기에 익숙하도록 하여 생활의 지혜를 주고, 경험과 그의 전문 지식으로 문제 해결에 도움을 주며, 현장 활동에서 확실한 역할 수행
멘토이익	업무나 학습에 대한 문제를 해결하는 과정에서 자신의 업무처리에 도움을 주며, 멘제가 가지고 있는 정보 또는 외부로부터 취득한 정보를 상호 공유할 수도 있는 반면, 멘제의 충성심은 멘토가 명성과 명예를 얻는 데 도움을 주게도 됨
조직이익	조직관리가 성공적으로 이루어지며, 차세대지도자 육성, 조직의 활성화, 이직률 감소, 경력개발 학습능력 향상 및 분위기 활성화 등 프로젝트 목표 설정에 따라 효과적으로 달성하고 각 계층의 조직 이익에 공헌

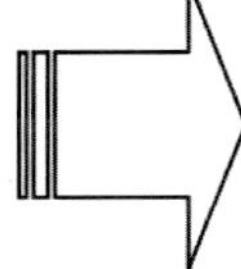

	멘토와 멘제는, 자신들의 발전과 권한이 강화되어 창의성이 높아지고, 자율적인 학교로 변화하여 조직의 유연성을 확보하고, 상호 끈끈한 인간관계를 통하여 학교가 튼튼해지고, 특히 멘토는 리더십을 인정받을 수 있는 기회 제공

2) 멘토링 기대효과

- 인간관계 촉진으로 정착률 향상과 학습/업무능력 향상이 이루어짐(조직 공고화)

- 멘토가 양성됨으로써 사/교내 중간 지도자가 다수 배출됨(허리가 튼튼해짐)
- 학습조직 활성화로 창의성 개발의 전 조직적 의식 전환(학습조직으로 변화 - 창의성)
- 지식경영 활성화로 사내 Networking이 활발(의사소통 활발)
- 타인을 배려하는 조직중심 사고로 공동체의식에서 충성심 배가(충성심 고취)

청소년 멘토링 효과성

1. 청소년 멘토링의 필요성

'초딩'이 대통령에게까지 욕설을 퍼붓는 세상이다. 과연 잘돼 가는 세상일까. 초등학생에게도 불만은 있을 수 있다. 그러나 의사 표시 방법으로서 욕설은 문제가 많다. 상대가 대통령이어서가 아니다. 욕설 그 자체가 우리 사회를 감정 폭발의 사회로 만들어 가기 때문이다.

욕설을 한두 번 안 해 본 사람은 없을 것이다. 불만스러운 일이 생겼을 때나 어처구니없는 일을 당했을 때, 억울함이 극에 달했을 때는 분노가 폭발한다. 그 분노를 주먹으로 표현하면 폭력이 되고 말로 표현하면 욕설이나 공격적인 언사가 된다. 욕설은 언어적 폭력인 셈이다.

이 나라에 아동·청소년에 대한 인성교육이 존재하는지 의문이다. 아이들이 욕설을 하든, 침을 뱉든 오냐오냐하기에 급급하다. 음식점에서 소리치고 다니든, 전철에서 천방지축으로 뛰어다니든, 인터넷에서 무슨 소리를 퍼붓든 제대로 가르치는 이들이 없다. 부모에게 대들거나 선생님에게 대들어도 속수무책이다. 지도를 포기한 지는 오래인 듯하고 오히려 아이들을 달래는 데 급급하다.

왜 이럴까. 첫째, 부모나 선생님들이 지도를 반드시 해야 한다는 원칙을 지키지 않기 때문이다. 어린아이들의 욕설은 습관이다. 주먹질 같은 폭력도 마찬가지다. 어린이들은 아직 사리 분별력이 성숙한 시기가 아니기 때문에 욕설 및 폭력의 의미나 결과에 대해 인식이 적다. 단순한 감정 표출 방법으로 인식해 습관적으로 실행할 뿐이다. 따라서 그 습관은 바로잡아 주어야 한다. 세 살 버릇 이야기는 아무리 강조해도 지나침이 없다.

둘째, 지도의 방법을 잘못 선택하기 때문이다. 아이들이 나쁜 행동을 했을 때 어른들은 대체로 야단치며 윽박지르는 방법을 사용한다. 심지어 소리치고 때리기까지 한다. 이는 옳은 방법이 아니다. 오히려 잘못된 행동 패턴을 가르칠 뿐이다. 아이들은 야단치는 소리에 순간 잘못임을 깨닫기는 한다. 그러나 이는 자신이 스스로 깨닫는 것이 아니라 타력에 의해 알게 되는 것이다. 그래서 깨달음의 효과가 적다. 또한 소리치고 야단치는 방식을 그대로 답습해 배운다. 나아가 반발심을 일으켜 사태를 더 악화시키기도 한다.

어린이·청소년에 대한 기초 인성교육을 획기적으로 강화해야 한다. 부모나 선생님이 아이들의 잘못에 대해 기를 살려 준다는 명목으로 오냐오냐해서는 안 된다. 기는 살려 주되, 가르칠 것은 가르쳐야 한다. 대신 강압적인 방법을 써서는 안 된다. 마음을 움직이는 방법을 써야 한다. 스스로 감동해 깨닫게 하는 방법을 선택해야 한다.

오늘날 멘토링은 청소년 지도에 최선의 프로그램으로 인정받고 있다. 왜냐하면 특히 부모 입장에서는 자녀들에게 공정성과 객관성에서 자녀들에 취약성을 드러내고 때문이다.

멘토링은 인류 역사 이래로 우리 사회에 깊숙이 자리 잡아 왔다. 특히 멘토링의 첫출발은 청소년을 상대로 한 멘토링이다. 아래 3가지 청소년 멘토링의 유래를 살펴본다면 오늘날 우리 사회에서 청소년 문제에 관한 보완 프로그램으로 크게 활용될 수 있을 것으로 사료된다.

1) 유대인은 이 세상에서 유일하게 청소년 문제가 없는 민족으로, 한편으로는 청소년과 어른들이 세대차이가 없는 민족으로 인정받고 있다. 유대인의 멘토링의 흐름을 살펴보기로 하자.

B.C.13세기에 유대인의 할례식(성경 중 모세 오경)에 잔탁(Zantak)이라는 멘토가 등장하여 부모보다는 어린이를 위하여 공정성과 객관성을 유지하면서 신앙지도와 사회생활 지도를 책임졌던 것을 알 수 있다. 그 잔탁 제도는 오늘날 유대인들에게는 가정에서는 부모가 멘토역할, 학교에서는 랍비가 멘토역할, 사회에서는 대부가 멘토역할을 충실히 수행하고 있음을 유의해야 한다.

2) 호머의 저서 그리스 신화에서 멘토제도다. 어린 왕자를 두고 트로이 전쟁(B.C.1250년)에 출정한 오디세우스 왕은 친구인 멘토를 가정교사로 세웠다. 이 멘토는 20년간 수학·철학·논리학(오늘날 지·정·의＝인격으로 상징)을 학습교재로 훌륭한 왕으로 성장시켰다는 내용이다.

여기에 등장하는 멘토의 학습교재를 우리는 참고해 볼 필요가 있다. 수학(知), 철학(情), 논리학(意), 바로 멘토링은 인격개발 프로그램인 것을 알 수 있다.

바로 전인교육의 출발점으로 오늘날 청소년 멘토링에서도 현행 학교에서 학력 위주의 교육을 보완하는 차원에서 청소년 멘토는 전문적 지원, 정서적 지원, 윤리적 지원 등 전인적 지원의 멘토링으로 올바른 개념 설정이 필요한 것이다.

3) 미국에서 최초의 멘토링 활동은 1904년에 설립한 청소년 멘토링 제도인 BBS(Big Brother System)이다. 이를 기반으로 1970년대부터 기업·학교·대학·교회·공공기관 등 일반조직으로 멘토링 활동이 확산된 것이다.

2. 청소년을 위한 멘토 리더십

1) 관계론적(Being~Othering) 멘토 리더십

일반 리더는 자신의 가치가 업그레이드될 경우에 자신의 만족에 그치는 존재론적 리더십이지만 청소년 멘토(Mentor)는 자신의 가치가 업그레이드되는 경우에 자기만족보다는 청소년 멘제를 현장에서 일대일로 배려하는 관계론적 리더십으로 상호간 신뢰와 존경하는 마음으로 만족관계를 이루게 된다.

2) 전인적인(Simple~Complex Character) 멘토 리더십

일반 리더는 부하들에게 업무나 지식으로 접근하는 단편적인 리더십을 발휘하지만 멘토는 청소년 멘제를 위하여 전인적 서비스, 즉 전문적 서비스, 정서적 서비스, 윤리적 서비스를 제공함으로써 멘제를 인격적인 리더로 성장시킬 수 있는 것이다.

3) 장기적인(Short~Long Term) 멘토 리더십

일반 리더는 1회성 이벤트식인 단기적 교육방법으로 부하 직원들을 교유하지만 청소년 멘토는 장기적인 멘토링 관계로 어느 일정 기간 삶을 공유하게 됨으로써 멘제를 자기와 같은 멘토 리더로 재생산(Reproducting)할 수 있는 것이다.

4) 수준별(Equal~Fair Class) 멘토 리더십

일반 리더는 물리적 변화 정도인 평준화 리더십으로 부하 직원들을 교육하고 관리하는데 청소년 멘토는 일대일로 관계를 맺고 멘제의 눈높이에 맞추어 멘제 중심으로 활동하게 됨으로써 진정한 화학적 변화를 일으키게 될 수 있는 것이다.

5) 섬기는(Charisma~Servant Leadership) 멘토 리더십

일반 리더는 리더가 중심이 되어 구성원들에게 관리나 통제 위주의 상의하달식 수직적인 리더십, 즉 카리스마적인 리더십을 발휘하는데 멘토는 인격적인 수평관계를 이루면서 섬기는 리더십으로

멘제의 잠재역량을 개발해 줌으로써 멘제를 만족시킬 수 있는 것
이다.

멘토링은 한마디로 상대인 멘제를 자기보다 더 훌륭하게 키우는
일이다. 특히 일반 리더십과 구별되는 점은 일대일로 특정하게 연
결된 상태에서 한 사람에게 집중력을 발휘하기 때문에 어떤 리더
십보다 강렬하고 단시간에 효과가 나타난다는 것이다.

Theme 2

System Trio System 멘토링

현재 학교 등 각 교육 기관마다 평준화 체제에서 학력중심 교육으로 많은 부작용을 초래하고 있다. 멘토링은 이러한 정규교육을 보완하는 차원에서 멘토 제도로 일대일로 관계를 맺어 수준별 눈높이에 맞춰 전문적인 조언, 정서적인 조언, 윤리적인 조언, 즉 전인적인 조언으로 청소년을 차세대 지도자로 성장시키는 일이다.

1) 학교 청소년 멘토링

학교 멘토링 주관은 교육청에서 자금지원으로, 학교장이, 반담임 교사가 재량으로 초·중·고 학생을 상대로 멘토링 시스템 운영이 가능하다.

2) 교회 청소년 멘토링

교회 멘토링 주관은 담임목사가, 주일학교 부장이, 반 담임교사가 재량으로 초·중·고 학생을 상대로 멘토링 시스템 운영이 가능하다.

3) 사회 청소년 멘토링

사회 멘토링은 국가, 지방단체, 각종 복지재단, 청소년단체에서 재량으로 제도적 교육기관에서 일탈한 사회 선도대상 청소년을 상대로 멘토링 시스템 운영이 가능하다.

INDEX

1장 학교 멘토링 시스템
2장 교회 멘토링 시스템
3장 사회 멘토링 시스템

학교 멘토링 시스템

1. 학교 시스템 구축 필요성

청소년 학교 멘토링은 사람, 시간, 자금 등 3가지 투자가 이루어진다. 그러므로 최종평가에 의하여 효율성을 도출하기 위한 프로그램이어야 한다. 우선적으로 체계적으로 관리할 시스템이 필요하게 된다. 특징은 멘토 / 멘제를 관찰하는 모니터링 시스템이다.

2. 학교 시스템 운영 체계도

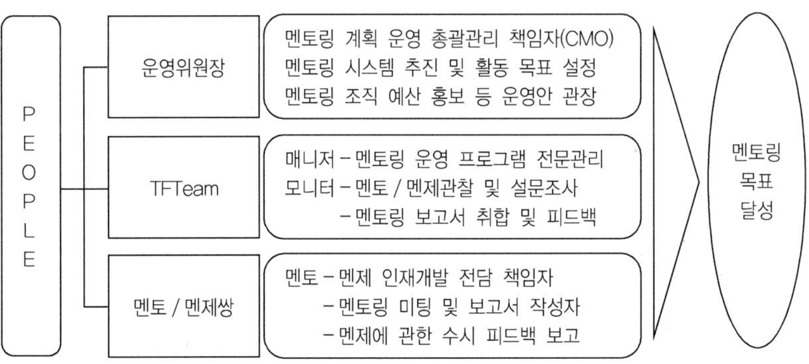

[학교 시스템 운영 샘플]

교회 명칭	( ) 초등학교 청소년 멘토링 위원회	위원장: ( ) 교감
관리 팀장	( ) 부서	부장: ( ) 교사
자문 위원	멘토링코리아	

3. 학교 시스템 운영 방법도

1) 학교 청소년 멘토링 적용 분야

(1) 학생지도활동(우수, 잠재, 슬럼프 학생)
- 선생님과 집중지도 대상학생을 일대일로(지도대상이 많은 경우
  에는 선생님 한 명당 여러 명을 할당) 연결하여 지도한다.
- 집중 지도학생은 아래의 학습활동 또는 특별활동을 하는 과정
  에서 발견

(2) 학습지도활동
- 자신의 부족한 부분을 신청, 잘하는 학생이 지도하고 보충해
  주는 제도
- 학생개인지도(Student Tutoring): 상급학생이 저학년생을 개인
  지도(초등학교의 경우, 6학년이 3학년을, 5학년이 2학년을, 4
  학년이 1학년을 지도) 하는 방법
- 동급생 개인지도(Peer Tutoring): 동급생끼리 개인지도 한다.
- 교사 - 학생 개인지도(Mentor - Menger 개인지도): 교사가 학생

을 개인지도 한다.

(3) 특별활동, 재능활동, 여가활동

– 예체능활동, 컴퓨터, 기타 재능활동 및 여가·취미활동과 봉사
활동(교내, 사회)을 학습활동에서와 같은 방법으로 시행하며,
사회 봉사활동과 같은 경우는 봉사활동 대상자와 특정기간 동
안 일대일 또는 반(소그룹)학생들과 대상자와 일대일로 연결하
여 돌아가면서 봉사활동을 전개한다.

(4) 신입생 조기정착 활동

선배학생과 신입생을 일대일로 연결하여 학교생활을 보살펴 주
면 조기정착이 가능하고 왕따, 슬럼프, 차별 대우 등이 방지되고
아울러 학부형이 안심한다.

2) 멘토링 활동의 적용 예시

멘토그룹	멘토링 프로그램	멘제그룹
멘토(Mentor)로는	멘토링 12개월 활동	멘제(Menger)로서는
• 교사 • 모범학생 • 학부형 • 사회지도층 인사 • 특기소유 교사/학생 • 동문	* 멘토링 관리 프로그램 * 멘토링 교육 프로그램 * 멘토링 활동 프로그램 * 멘토링 평가 프로그램	• 신입생 • 학습부진 학생 • 왕따 대상 학생 • 문제 학생 • 소년소녀 가장
* 상호 감사의 뜻 전달	* 목표 달성 시 종결	* 상호 감사의 뜻 전달
위 활동을 반복해서 수행함		

3) 멘토링 시스템 구축 방법

학교 청소년 멘토링 운영위원회			
멘토링 매니저(TFTeam)		멘토링 매니저(TFTeam)	
멘토/멘제쌍	멘토/멘제쌍	멘토/멘제쌍	멘토/멘제쌍

(1) 멘토링 위원회: 멘토링 실무를 전담하는 자로서 멘토링의 계획과 각종 자료를 관리한다.

(2) 멘토링 TFTeam: 멘토링 활동에서, 예를 들면 각 학년별, 각 학급별 멘토링 프로그램을 전문 관리하고 모니터링을 할 수 있는 요원으로서 조언해 주며 활동 보고 내용을 통하여 관리한다(매니저, 모니터로 호칭).

(3) 멘토링쌍: 멘토링 활동을 전제로 연결된 쌍으로 먼저 성격분석을 통하여 가장 잘 조화되는 쌍을 우선으로 연결하고 멘토링의 목적과 의도에 맞게 활동을 한다.

  - 멘토링 활동에서 주체가 되는 멘토, 멘제 한 쌍이다.

4) 멘토링의 성공요건

(1) 우리나라 학부모들의 성향으로 볼 때, 자신의 자녀가 다른 학생을 지도하는 것을 쉽게 인정하려 하지 않을 것이므로 동기부여를 위한 외부의 강제성(제도적 장치)을 가져야 할 것으로 본다. 그 방안으로서는 현재 봉사활동에 대한 평점적용 부분을 Mentor로서 활동(학습지도, 특별활동지도, 봉사활동 등)한 결과를 가지고 대체하되, 그 비중을 상향조정함으로써 멘토를 자원하도록 유도한다.

(2) 멘토링 결과에 대한 정기 평가대회(발표대회)를 통하여 우수 팀을 선발 장려하고, 멘토와 멘제로 연결된 학생 상호간의 부모에게도 반드시 통보하여 두 가정에서도 관심과 격려를 하게 하며, 때로는 두 가정도 관계를 형성하여 서로 감사하는 삶을 살도록 유도한다.

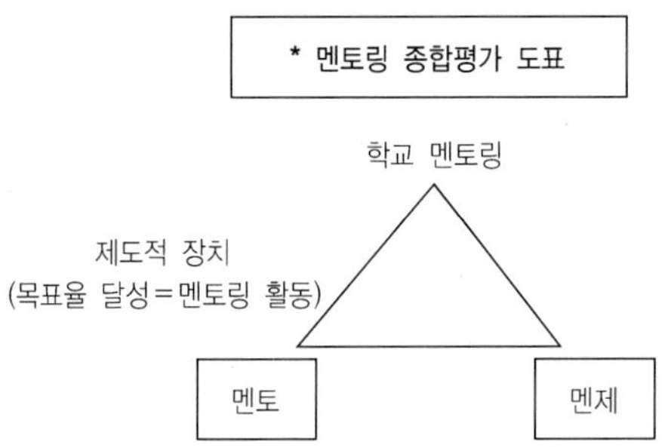

5) 학교 멘토링 기대효과

(1) 집단 따돌림(왕따) 문제 해결

집단 따돌림의 문제는 관계의 단절을 의미하며, 반면 멘토링은 건강한 관계 형성을 의미하기 때문에 멘토링의 도입은 곧 학생과 학생, 선생님과 학생 사이의 관계 형성(지도활동, 학습활동, 취미활동, 특기활동 등)을 통하여 집단 따돌림을 원천적으로 없앨 수 있으며, 혹 발생되었다 할지라도 멘토링 활동 중 쉽게 그 사실을 발견하여 학생－학생 또는 교사－학생 멘토링으로 치료할 수 있다.

(2) 면학 분위기 조성과 사교육비 문제 해결

학생 상호간에 부족한 학생을 개인지도 하는 과정에서 학교 전체의 면학 분위기가 조성되며, 전체 학생(배우는 학생은 물론이고, 가르치는 학생들도 더 확실한 지식으로 정착)들의 성적 향상을 꾀할 수 있고, 나아가 사교육비를 근절할 수 있다.

(3) 지도력과 지식인의 양성

다른 학생을 지도함으로써 지도력(Mentorship)과 인간관계 훈련 및 자신의 지식을 활용하는 살아 있는 지식으로 만들 수 있다.

(4) 과학적인 자료에 의한 학생지도

멘토링 활동 과정을 모니터링한 자료와 보고 자료를 근거로 학생 개개인에게 맞는 진로(진학)지도, 잠재능력 개발, 최선의 해결방법 탐색 능력 개발 등의 학생지도를 과학적 근거에 의하여 실시할 수 있다.

(5) 무엇보다 선생님 존경, 동료 사랑의 인간존중의 태도를 기를 수 있다.
① 일대일로 활동하면서 서로의 학생 집도 방문하고, 심지어는 두 가족끼리 야외에도 가면서 학생들을 위로하고 격려하는 동안에 타인의 어려움을 알고 베풀 수 있는 인간으로 성장하며,
② 봉사활동 역시, 비록 형식적으로 시작한 경우까지도 일대일의 관계를 형성하며 지속적인 관계 속에서 진실이 싹트게 되며,
③ 선생님과 학생 간에도 일대일 관계에서 깊숙한 내면의 세계까지 이해하면서 존경과 사랑이 자리하게 된다.

교회 멘토링 시스템

1. 교회 시스템 구축 필요성

청소년 교회 멘토링은 사람, 시간, 자금 등 3가지 투자가 이루어 진다. 그러므로 최종평가에 의하여 효율성을 도출하기 위한 프로그램이어야 한다. 우선적으로 체계적으로 관리할 시스템이 필요하게 된다. 특징은 멘토 / 멘제를 관찰하는 모니터링 시스템이다.

2. 교회 시스템 운영 체계도

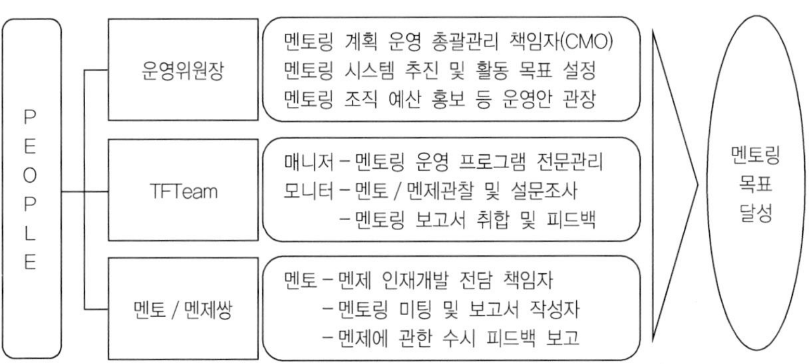

[교회 시스템 운영 샘플]

교회 명칭	( ) 교회 청소년 멘토링 위원회	위원장: ( ) 주일학교 부감
관리 팀장	( ) 부서	팀장: ( ) 교사
자문 위원	멘토링코리아	

3. 교회 시스템 운영 방법도

1) 교회 청소년 멘토링 적용 분야

(1) 학업지도를 위한 멘토링 활동
- 청소년들의 전반적인 학업 능력을 향상시키는 데 초점을 맞춘
  다. 청소년들의 성적 향상, 출석률 향상, 학교 탈락률 감소 등
  이 세부 목표가 된다.

(2) 진로지도를 위한 멘토링 활동
- 청소년들이 자신의 적성과 흥미를 발견하여 미래의 비전을 세
  우고, 필요한 정보와 기술을 제공하는 데 초점을 둔다.

(3) 개인성장을 위한 멘토링 활동
- 여러 가지 위기에 처해 있는 청소년들이 멘토와의 개인적인
  관계를 통해 어려움을 극복하고, 정상적인 발달을 성취하도록
  돕는 데 초점을 둔다.

(4) 인재개발을 위한 멘토링 활동

- 청소년과 교회 직분자 멘토를 일대일로 연결

- 청소년과 모범 청소년 멘토를 일대일로 연결

(5) Slump 회복을 위한 멘토링 활동

- Slump 청소년과 교사 멘토를 일대일로 연결

- Slump 청소년과 직분자 멘토를 일대일로 연결

2) 멘토링 활동의 적용 예시

멘토그룹	멘토링 프로그램	멘제그룹
멘토(Mentor)로는	멘토링 12개월 활동	멘제(Menger)로는
* 교사 * 직분자(장로권사집사) * 목회자 * 모범청소년 * 학부형	* 멘토링 관리 프로그램 * 멘토링 교육 프로그램 * 멘토링 활동 프로그램 * 멘토링 평가 프로그램	* 초·중·고 학생 * 신입생 * 진로 대담대상 학생 * Slump 학생 * 출석부진 학생
* 상호 감사의 뜻 전달	* 목표 달성 시 종결	* 상호 감사의 뜻 전달
	위 활동을 반복해서 수행함	

3) 멘토링 시스템 구축 방법

교회 청소년 멘토링 운영위원회			
멘토링 매니저(TFTeam)		멘토링 매니저(TFTeam)	
멘토/멘제쌍	멘토/멘제쌍	멘토/멘제쌍	멘토/멘제쌍

(1) 멘토링 위원회: 멘토링 실무를 전담하는 자로서 멘토링의 계
    획과 각종 자료를 관리한다.

(2) 멘토링 관리자: 멘토링 활동에서 예를 들면, 각 주일학교별, 구역별, 전도회별로 멘토링 프로그램을 전문 관리하고 모니터링을 할 수 있는 요원으로서 조언해 주며 활동 보고 내용을 통하여 관리한다(매니저, 모니터로 호칭).

(3) 멘토링쌍: 멘토링 활동을 전제로 연결된 쌍으로 먼저 성격분석을 통하여 가장 잘 조화되는 쌍을 우선으로 연결하고 멘토링의 목적과 의도에 맞게 활동을 한다.
  - 멘토링 활동에서 주체가 되는 멘토, 멘제 한 쌍이다.

4) 멘토링의 성공요건

- 교회라는 조직의 특성상 먼저 담임목사가 주도하여 주일학교를 비롯하여 전 교인에게 멘토링 마인드를 조성해야 한다.
- 각 기관이나 부서별로 TF팀을 구성하여 1~2명 정도는 멘토링 전문요원으로 양성해서 멘토링 적용방법부터 활동에 이르는 과정을 관리하고 모니터링을 해야 한다.
- 청소년 부서 주일학교에서도 처음에는 전 분야에 적용하는 것보다는 특정부서나 특수업무(예 - 신입생 정착 멘토링, 학습지도 멘토링 등)를 선정하여 집중을 할 수 있도록 한다.
- 멘토링 활동에는 사전에 숫자개념의 목표율을 정하여 책임 있게 추진한다.

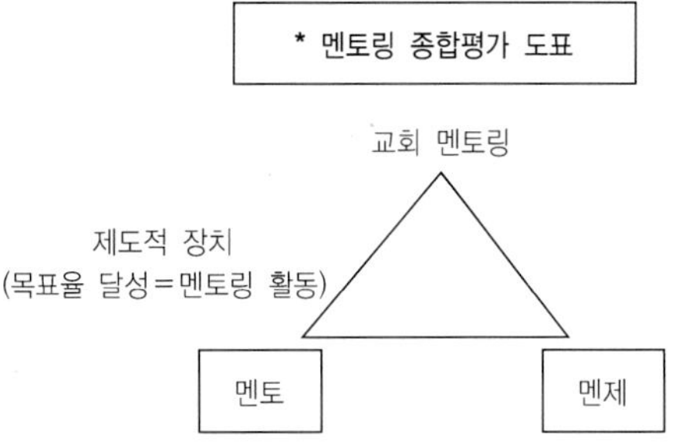

5) 멘토링 프로그램 효과

(1) 청소년들에게 정서적인 격려가 된다.

아무리 험난한 위기나 낙심되는 어려움을 만날지라도 결코 어렵거나 힘들지 않다. 그리고 모두들 자신이 만난 어려움을 비난하고 외면하지만 멘토는 결코 내버려 두지 않고 오히려 적극적으로 문제에 참여해서 해결책을 준다. 그래서 멘토를 통한 정서적인 안정감을 가지므로 잘못된 결정을 내리는 실수를 사전에 막을 수 있게 된다.

(2) 청소년들이 지적인 격려를 받을 수 있다.

우리 주위에 우리의 지적인 면을 자극하는 날카로운 멘토가 있다면 그는 항상 지혜가 부족해서 겪는 어려움은 당하지 않아도 될 것이다. 그는 우리의 뇌세포가 죽지 않고 둔화되지 않도록 계속해서 도전을 주고 자기 발전에 게으르지 않도록 도와준다.

(3) 청소년들에게 영적인 격려가 된다.

멘토는 상대방 자신이 처한 상황을 객관적으로 잘 파악하고 그 상황에 맞게 적절한 말씀으로 격려함으로써 영적으로 슬럼프에 빠지지 않도록 도와준다. 또한 보다 성공적인 삶을 살도록 영성을 키워 준다. 뿌리칠 수 없는 세상의 유혹도 이 멘토의 영적 영향으로 능히 이기고 하나님 앞에서 거룩한 삶을 살 수 있도록 해 준다. 그래서 능력 있는 그리스도인의 삶을 살아갈 수 있게 만들어 준다.

사회 멘토링 시스템

1. 사회 시스템 구축 필요성

청소년 사회 멘토링 프로그램은 사람, 시간, 자금 등 3가지 투자가 이루어진다. 그러므로 최종평가에 의하여 효율성을 도출하기 위한 프로그램이어야 한다. 우선적으로 체계적으로 관리할 시스템이 필요하게 된다. 특징은 멘토/멘제를 관찰하는 모니터링 시스템이다.

2. 사회 시스템 운영 체계도

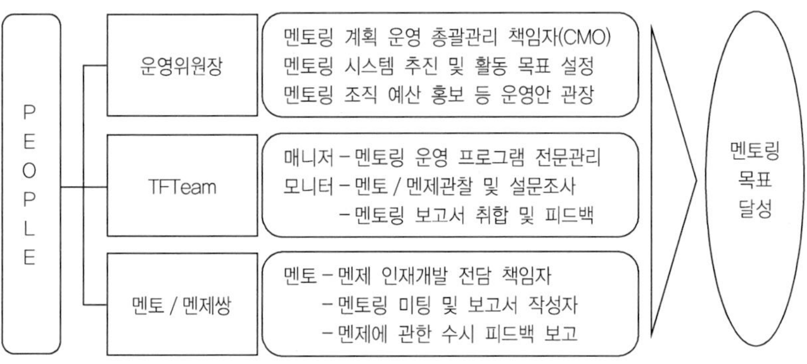

[사회 시스템 운영 샘플]

교회 명칭	( ) 청소년진흥 멘토링 위원회	위원장: ( ) 부원장
관리 팀장	( ) 부서	팀장: ( ) 부장
자문 위원	멘토링코리아	

3. 사회 시스템 운영 방법도

1) 사회 청소년 멘토링 적용 분야

(1) 관계촉진 멘토링 활동

- 자기 소개하기
- 함께 식사하기
- 박물관이나 미술관 탐방
- 좋은 음악 나누기
- 중요한 타인에 대해 이야기하기
- 질문 교환하기
- 학교생활에 대해 이야기하기
- 안부카드 나누기

(2) 학습지원 멘토링 활동

- 멘제의 요구 파악
- 학습방법 점검
- 시간 관리표 만들기
- 효율적 시간 관리를 위한 토론
- 흥미와 자신감 고취
- 학습계획 수립 및 정기 점검하기
- 학습의 구체적 기술 제공

(3) 진로지도 멘토링 활동

- 이력서 써 보기
- 직장 견학
- 모의 면접 연습하기
- 직장체험

- 체험 소감 나누기

(4) 다양한 문제 해결 기술 습득 멘토링 활동
 - 문제에 대한 정의   - 문제 해결 과정에 대한 이해
 - 문제 해결 과정 적용 연습   - 자신의 스트레스기술 이해

2) 멘토링 활동의 적용 예시

멘토그룹	멘토링 프로그램	멘제그룹
멘토(Mentor)로는	멘토링 12개월 활동	멘제(Menger)로서는
• 사외 지도층 인사 • 대학생 • 자원봉사자 • 청소년상담사 • 청소년지도사	* 멘토링 관리 프로그램 * 멘토링 교육 프로그램 * 멘토링 활동 프로그램 * 멘토링 평가 프로그램 * 목표 달성 시 종결	• 저소득 빈곤가정 청소년 • 결손 가정 청소년 • 학교 부적응 청소년 • 가출 청소년 • 약물 남용 청소년 • 성범죄 청소년 • 장애 청소년 • 탈북 청소년 • 외국노동자 청소년
위 활동을 반복해서 수행함		

3) 멘토링 시스템 구축 방법

사회 청소년 멘토링 운영위원회			
멘토링 매니저(TFTeam)		멘토링 매니저(TFTeam)	
멘토/멘제쌍	멘토/멘제쌍	멘토/멘제쌍	멘토/멘제쌍

(1) 멘토링 위원회: 멘토링 실무를 전담하는 자로서 멘토링의 계
  획과 각종 자료를 관리한다.

(2) 멘토링 관리자: 멘토링 관리자는 민간단체, 대학, 기업 등 프

로그램의 지원체계로서 멘토와 멘제로 구성된 일대일 관계를 형성시키며, 멘토를 도와 개별 프로그램의 계획 및 내용구성의 과정에 참여하고, 이것의 수행에 관한 관리 감독을 한다.

(3) 멘토: 결연관계를 맺게 되는 청소년들에게 전인적인 삶의 조언자 역할을 하는 사람이다.

(4) 멘제: 제도권에서 보호받지 못하고 국가나 사회복지재단으로부터 특별지원이 요청되는 청소년이다.

4) 멘토링의 성공요건

(1) 현재 비행 청소년을 대상으로 소규모로 운영되고 있는 멘토링 프로그램을 학교에 재학 중인 요보호 학생들로 확장시켜야 한다.

(2) 현재 보호관찰 대상자와 선고 조건부 기소 유예대상자의 일부에게 시행되는 멘토링 프로그램을 좀 더 활성화하여 기존의 결연 프로그램에 대한 대안적인 방법으로 전국적인 규모를 실시하여야 한다.

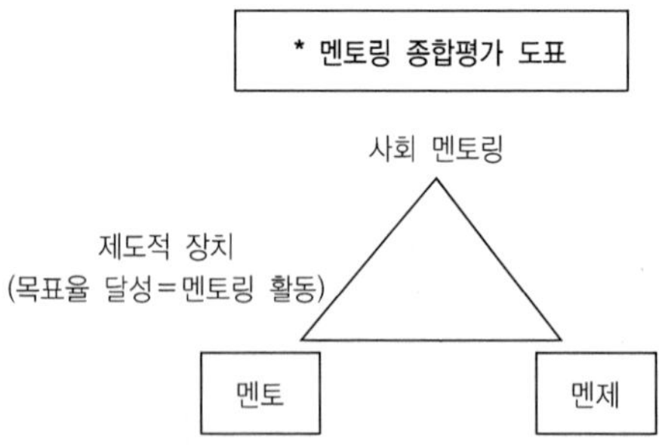

5) 사회 멘토링 프로그램 제공

멘토링 영역	프로그램 활동 내용 설명
저소득 빈곤아동 지원	빈곤아동 청소년을 중심으로 한 지원 및 지지체제 구축 프로그램이다. 빈곤아동의 성장에 기반한 프로그램의 재생산 구조를 마련한다.
학교 부적응 청소년	빈곤가정과 결손가정이 밀집되어 있는 지역 내 학교 일탈행동 청소년을 학교로부터 의뢰받아 방과 후 복지관에서 집단프로그램을 실시하여 이들의 자아존중감을 향상시킨다.
보호관찰 청소년 멘토링	보호관찰 청소년들에게 자신에 대한 긍정적인 자기이해 유도와 자신과 타인을 돕고 사랑하는 법, 내가 처한 환경과 상황에 대한 이해를 통해 사회에 잘 적응할 수 있도록 돕는 활동이다.
성매매, 가출 청소년 멘토링	사각지대 청소년들의 삶에 깊이 있고 전문적이며 지속적으로 개입함으로써 이들이 사회와 네트워크를 재개하고 사회로 복귀할 수 있도록 돕는 활동이다.

6) 사회 멘토링 기대효과

(1) 예방적인 프로그램이 된다.

① 삶의 올바른 방향을 제시한다.

청소년과 성인들과 일대일로 결연관계를 맺게 해 줌으로써 이들의 삶의 올바른 방향 제시가 가능하다.

② 긍정적인 삶을 위한 기술 개발이 가능하다.

③ 폭력이나 비행에 연루될 위험요인을 제거할 수 있다.

④ 지역사회 내의 각종 활동에 참여할 수 있는 기회를 제공해 줄 수 있다.

(2) 정서적인 연결관계를 중심으로 정서적·사회적 지지를 제공하는 것이 관계의 주된 목적이어서 비행 청소년들의 의사소통 및 대인관계에 대한 욕구를 충족시켜 주는 개입방법이 된다.

(3) 민간단체 대학 기업이 프로그램 추진체가 되고 민간의 자연봉사자들이 멘토로 참여한다는 점에서 민간인이 참여하는 지

역사회중심의 정책이 된다.

(4) 프로그램이 결연 관리자에 의해서 체계적으로 관리 감독, 지
원되는 방식으로 운영됨으로써 민간의 지원 봉사활동을 지속
하고 활성화시키기 위한 체계적인 관리 및 지원체계의 모델
제공이 가능하다.

Theme 3
Mentor 멘토 개발방법

멘토링 활동이 활성화되기 위해서는 각 조직에서 철저한 통제 및 관리가 아니라 적극적인 지원과 개발로 멘토가 자생력을 제대로 발휘할 수 있도록 지원하는 것이다. 특히 전통적인 멘토링과는 달리 학교 등 조직에 적용되는 제도적 멘토링에서는 멘토를 체계 있게 개발하여 멘토에게 자부심과 책임감을 느끼게 하는 것이 성공의 지름길이다.

멘토링 프로그램은 왕자 교육이라는 고품질의 인재개발에서부터 출발한다. 한 왕자를 위하여 멘토는 20여 년간 인격을 상징한 수학(知), 철학(情), 논리학(意)을 교재로 전인적인 학습을 통하여 지혜롭고 현명한 왕으로 성장시켰다. 여기에서 청소년을 위한 멘토를 체계적으로 관리하고 개발하는 방법을 소개한다.

INDEX

1장 멘토 관리방법 – MPC

2장 멘토 개발 의미 Development

3장 멘토 자기개발 Self Scored

멘토 관리방법

1. 멘토 풀 센터 운영

1) MPC 의미

'Mentor Pool Center = MPC'의 약자로서 멘토링 활동에서 성공여부를 좌우하는 멘토(Mentor)를 양성, 관리, 활동의 활성화를 주관하는 학교 지원기구를 말한다.

2) MPC 운영목적

멘토의 특수성을 살려 활성화 대안을 마련하고 체계 있게 관리하여 학교의 혁신을 유도하는 데에 목적이 있다.

(1) 특수성을 살린다　　　　　(3) 체계 있게 관리한다

(2) 활성화 대안을 마련한다　　(4) 학교혁신을 기도한다

3) MPC의 위치

학교 내 멘토링 위원회 소속에서 멘토링을 적용하는 팀에서 업

무를 수행한다.

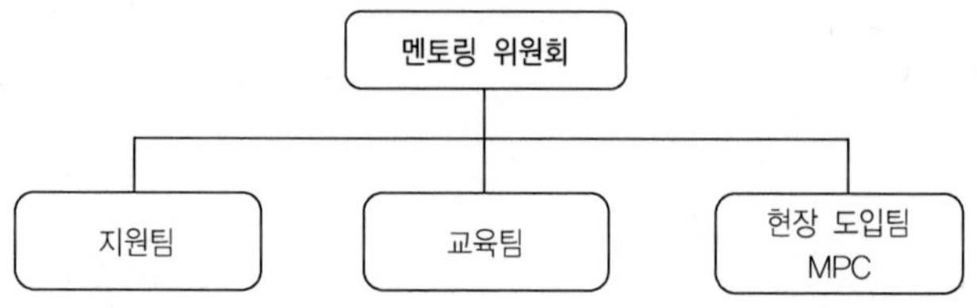

4) MPC 구성원

센터장(실장이나 팀장) 1명과 사무보조원 약간명으로 하고 멘토
링 사역을 원하는 우수 멘토 중에서 선발하여 구성한다.

2. 센터에서 멘토 관리 8단계

각 학교의 상황에 따라 멘토의 기준을 설정하여 멘토 풀에 등록
하고 등록된 멘토를 대상으로 교육·훈련시키면서 항상 멘토를 관
리할 수 있도록 아래 8단계(Step)에 따라 전문적으로 관리한다.

Step 1 멘토 자격기준 설정

1) 멘토로서 가장 적절한 덕목이 무엇인지를 각 학교의 문화 등
   을 고려하여 선정한다.
2) 멘토의 자격기준은 일반자격/업무(전문)자격으로 구분하여 기
   준을 설정한다.

- Attributes/Antecedents/직책/전문분야/기타 특성 등

Step 2 멘토그룹 선정 – 풀에 등록

1) 멘토로서의 자격기준을 평가하여 멘토그룹을 선정하여 멘토 Pool에 등록한다.

2) 멘토는 기술/업무/전문분야별로 구분하여 관리한다.

(1) 멘토 선발 특성

① Aged(나이) – 이왕이면 나이가 든 사람이 좋다.

② Careered(경력) – 이왕이면 경력이 많은 사람이 좋다.

③ Knowhowed(노하우) – 이왕이면 노하우를 가지고 있는 사람이 좋다.

④ Leadershiped(리더십) – 이왕이면 리더십을 갖춘 사람이 좋다.

⑤ Personalityed(인격) – 이왕이면 인격을 갖춘 사람이 좋다.

학교의 상황에 따라 멘토의 기준을 설정하여 멘토 풀에 등록하고 등록된 멘토를 대상으로 교육·훈련시키면서 항상 멘토를 관리할 수 있도록 아래 8단계(Step)에 따라 전문적으로 관리한다.

(2) 멘토 선발 기준

① 멘토는 한 개인을 지원하고 그 사람의 성장에 관여하는 사람이다. 구체적으로 멘제의 인간가치를 업그레이드시키는 사람이다.

② 멘토는 상급자로서가 아닌 한 사람으로서 멘제 개인을 염려한다.

③ 멘토는 멘제 한 개인의 업무만이 아닌, 삶의 전반적인 발전을
돕는다.

④ 멘토는 권한이나 권력을 기반으로 하는 관계가 아닌, 특수관
계를 멘제와 맺는다. 멘토는 멘제의 말을 경청하고 질문을 받
고 나서야 조언을 한다. 개인적인 판단이나 비난을 배제한 뒤
멘토의 조언이 이루어질 것이다.

⑤ 멘토는 무엇보다도 인간관계에 초점을 맞춘다. 멘토가 멘제와
맺은 관계에는 어떠한 사적인 이권이나 멘제에 대한 위기적
인 사항도 있어서는 안 된다. 멘제 개인의 발전을 바라며, 애
초에 멘제의 편에서 관계가 시작되기 때문이다.

⑥ 멘토는 신뢰받는 친구이자 선생님이며 안내자이고 역할모델
이다. 멘토는 멘제에게 전달하고자 미리 준비된 지식을 소유
하고 있는 전문가이거나, 적어도 자신의 분야에서는 어느 정
도 지위에 오른 사람이고, 주변 동료들에 의해서도 그렇게
인정받는 사람이다.

⑦ 멘토는 본래 멘제의 특성과 잠재력을 개발하며, 경쟁이 아니
라 도와주는 존재다. 멘토는 인내심을 가지고 자신을 돌보는
멘제에게 도전하도록 권하며, 나름의 견해를 가지고 열의를
보여준다. 또한 미래에 대한 포부를 가지고 있으면서도 현재
의 명확한 초점을 유지한다.

⑧ 멘토는 자신이 선택한 학교와 고용관계, 공적인 거래 또는 직
업에 대한 소명의식을 가지고, 학교를 사랑한다. 동시에 회상
의 취약점을 인정하고 멘제가 그 취약점에 대치할 수 있게
건설적으로 도와준다.

(3) 멘토 선발 방법

① 지원제 – 본인이 지원하고 멘토 추천위원에서 심의하여 선정하는 방법으로 가장 좋은 방법이다.

② 추천제 – 부서원이나 부서장이 추천하여 심사를 거쳐 결정하는 방법이다. 가능한 부서원의 무기명 투표로 결정하는 방법이 부서장이 직접 추천하는 것보다는 효과적이다.

③ 임명제 – 1과 2로 선발이 어려울 때 가장 비효율적인 방법으로 문서 임명으로 선발하는 것이다. 이는 타의에 의한 방법이므로 가능한 피하는 것이 좋다.

위 3개 항목으로 선발되는 과정에서 특히 추천위원에서는 학교 인사평사자료를 참작하여 가장 우수한 사원을 멘토로 최종 선발하는 것을 잊지 말아야 한다.

(4) 멘토 선정 체크리스트

① 리더십을 발휘할 수 있는 자신이 있는가?

② 사람중심(VS 업무중심)의 행동 형태인가?

③ 경청과 지도 모두 가능한가?

④ 사내 학교에 관한 지식과 경험이 있는가?

⑤ 학교 내에서 리더 경험이 있는가?(자치회임원, 동아리운영자, 팀장 등)

⑥ 멘제와 다른 분야에서 성공경험이 있는가?

⑦ 학교 밖에서도 발이 넓고 칭찬의 대상이 되는가?

⑧ 자신의 전문 업무 외에서도 성장을 지원할 생각이 있는가?

⑨ 팀워크를 다져 업무를 수행할 수 있는가?

⑩ 위험하다고 생각될 때 인내력을 발휘해서 지켜보는 도량이
   있는가?

Step 3 멘토 양성

1) 멘토로 등록된 사람들을 각 단계별로 교육·훈련 프로그램을
   작성하여 훌륭한 멘토로 개발한다.
2) 멘토의 교육·훈련은 멘토로서의 자질, 소양, 자세, 전문분야
   를 주제로 관련 교육(멘토링 원리, 멘토의 역할, 멘토 리더십,
   멘토/멘제 기술, 인재개발게임, 사례연구 등)에 대하여 철저히
   실시한다.

Step 4 멘토그룹 활동

1) 멘토/멘제의 활동기간을 6개월, 12개월, 24개월 등으로 명시한다.
2) 멘토/멘제의 주간 미팅 등 개인활동에 관한 프로그램을 제공
   한다.
3) 멘토/멘제 전원이 활동하는 그룹에 특별 프로그램을 제공한다.

Step 5 멘토그룹 평가

1) 멘토 Pool에 등록된 요원들을 수시로 '멘토 자생력 개발 진단
   도구' 등으로 평가하여 멘토로서의 진정한 자격여부를 항상
   확인한다.
2) 평가결과 부진한 부분을 재교육하고, 자격 미달의 경우 차기

멘토링 활동에서 제외한다.

Step 6 평가기준 설정

1) 멘토링 프로그램 종료 후, 또는 멘토 Pool에 등록되어 있는 동안에 실시할, 멘토와 멘제의 평가기준을 각각 마련한다.
2) 멘토 / 멘제의 인격지수개발(Star Game) 등을 채택하여 성장성 / 종합평가기준을 마련한다.

Step 7 평가 실시

1) 평가기준에 의하여 멘토와 멘제를 평가한다.
2) 평가목표는 멘토 및 멘제에 대한 보상(보수/신분)과 멘토의 자격성 여부 및 인사고과에 반영할 자료를 위한 것이다.

Step 8 보상시스템 구축

1) 멘토링에 의한 보상시스템을 만들어 멘토링을 학교는 물론 자신의 성공을 위한 모티브로 활용토록 한다.
2) 멘토링 결과를 인사고과 정책에 반영하는 경우 그 체계를 만든다.

3. 멘토 활성화 지원 7대 기능

1) Monitoring 기능   5) Manager 기능

2) Research 기능   6) Coordinate 기능

3) Suggestion 기능   7) Role Modeling 기능

4) Ombusman 기능

1) 모니터링(Monitoring) 기능

멘토가 어떻게 일하는지 Check List를 가지고 멘토링 활동기간에 계속 지켜본다. 그리고 그가 어떻게 일하고 있는지에 대해 피드백을 주자. 가능한 많은 칭찬을 주라. 그리고 새로운 멘제와의 관계에 대해 어떻게 느끼고 있는지, 어떤 좌절감이나 제안이 있는지에 대해 물어보라.

2) 의견조사 – 리서치(Research) 기능

학교구성원의 의견조사(research)는 멘토링 활동의 중요한 영역에 있는 학교구성원들의 태도나 의견에 관한 정보를 모으는 것이다. 이러한 조사결과가 학교구성원들과 함께 공유되고, 학교를 변화시키는 기초로 사용될 때는 훨씬 효과적인 커뮤니케이션 개선방안이 될 수 있다.

3) 제안(Suggestion) 기능

제안제도(suggestion system)란 학교구성원의 제안을 활성화하기 위하여 곳곳에 제안함을 설치하여 학교에 도움이 되는 제안에 대해서는 포장을 하는 제도이다.

4) 민원조사원 – 옴부즈맨(Ombudsman) 기능

옴부즈맨(ombudsman)이란 민원조사원을 말하는 것으로서 스칸디나비아에서 주로 사용되어 온 제도이다. 이는 행정기관으로부터 인권침해나 부당한 대우를 받은 사람에게 분노의 배출구를 제공한다는 개념에서 비롯되었는데, 옴부즈맨제도(ombudsman system)란 학교에서 구성원의 불만사항이나 고충을 처리해 주는 사람을 두는 제도이다.

5) 멘토임원 – 매니저(Manager) 기능

멘토임원제란 젊은 구성원들의 참신한 아이디어나 건설적 제안을 발굴해 학교운영에 반영하는 한편, 실무직원의 의견을 여과 없이 상부층에 전달하는 시스템을 제도적으로 확보함으로써 상향적 커뮤니케이션의 기반을 조성하고, 그들에게 여러 분야에 대하여 경험과 지식을 습득시켜 궁극적으로 지도자적 자질을 갖춘 인재양성의 목적을 갖는 제도이다.

6) 의견조정자 – 코디네이트(Coordinate) 기능

학교 내의 의견을 조정하는 자를 둠으로써 상향적 의사결정이 누락, 왜곡되는 것을 방지하거나 과다한 정보에 관한 우선순위를 결정하는 것과 같은 조정업무를 맡길 수 있다. 학교는 또한 의사결정 전문가들을 채용하여 그들로 하여금 의사전달체계를 개선시키고 학교구성원에게 의사전달에 관한 훈련을 실시하도록 할 수 있다.

7) 역할모델링 기능

역할모델링(role Modeling)은 멘토링에서 멘토가 모범적인 역할행동을 보여줌으로써 멘제가 그 행동을 모델로 하여 따라 할 수 있도록 하는 것으로서 百聞이 不如一見이라는 말처럼 학교구성원들에게 직접 보여주는 커뮤니케이션 방법이다. 이러한 역할모델링은 구성원 간의 역할을 모델화함으로써 역할모델 모호성이나 역할갈등을 제기할 수 있다. 멘토의 기준을 설정하여 멘토 Pool에 등록하고 등록된 멘토를 대상으로 교육·훈련시키고 Benchmarking하여 항상 멘토를 관리한다.

2장

멘토 개발 의미

한 사람을 소중히 여기는 멘토링(Mentoring)은 전통적 멘토링으로 인간관계 촉진을 통하여 개인 업무 능률을 향상시키고, 제도적 멘토링으로 인재 경쟁력을 확보하여 학교의 높은 생산성과(High Performance)를 달성하고자 하는 것이 멘토 인재개발의 목적이다.

1. 멘토 역사적 유래

오디세우스(Odysseus) 왕은 트로이(Troy) 전쟁(B.C.1250)에 참전하여 귀환하기까지 20여 년이라는 오랜 세월 동안 이타카 왕궁을 비웠다. 그리고 그가 집으로 돌아왔을 때, 멘토(Mentor)가 텔레마쿠스(Telemachus)를 지혜롭고 현명한 청년으로 키워 놓은 것을 보았다.

호머의 저서 그리스 신화(B.C.800)는 바로 이 시에서 지혜와 예술의 여신 아테나(Athena)가 멘토의 형상을 띤다는 사실도 주목할 만하다. 이것은 우리가 이해하는 몇 가지 재미있는 가능성을 더해 준다. 예를 들면, 이 이야기는 오디세우스 왕의 귀환과 동시에 텔레마쿠스 왕자와 함께 원로 간신들과 대항하여 격렬한 싸움을 하는 것으로 끝난다.

그런데 싸움에 참가한 원로 간신들은 대부분은 오디세우스가 오랫동안 집을 비운 사이 그의 왕비 페넬로페(Penelope)에게 강제로 청혼한 사람들이었다. 아버지와 아들과 군대의 결속력은 아주 강했다. 그래서 그들은 다시 승기를 잡았을 뿐 아니라 적군의 진지를 완전히 쓸어버리겠다고 위협했다. 그러나 장수들이 적군을 쓸어버리려 할 때, 아테나가 나타나 오디세우스에게 전투를 끝낼 것을 요구한다.

"레이어티즈와 나이 든 신들의 아들 오디세우스여, 땅의 길들과 바다의 길들의 주인이여, 당신에게 명하라. 이 전투를 여기에서 그치라고. 그렇지 않으면 넓은 세상을 보시는 제우스(Zeus)께서 화내시리라." 그는 그녀에게 수종했네, 그의 마음은 기뻤다네. 후에 두 진영은 그들의 중재자를 통해 곧 폭풍구름을 방패로 가지신 제우스의 딸 아테나를 통해 평화의 맹세를 하였다네. 하지만 그녀는 여전히 멘토의 형상과 목소리를 가졌다네.

그러므로 멘토는 평화유지, 중재, 공동체의 보존과 관계있는 것으로 보인다. 병사들이 그의 말에 귀를 기울인다. 그는 싸움 위에 서 있다. 그리고 그의 지혜(또는 아테나의 지혜)가 그날을 다스린다.

요점은 멘토가 우리가 쓰고 있는 은유적 용어인 스승(Mentor)이라는 말의 기원이라는 것이다. 모든 묘사적인 언어처럼 멘토는 사람들에 따라 각기 다른 의미를 가진다. 멘토는 주인, 인도자, 본보기, 지도자, 선생, 아버지 같은 사람, 트레이너, 가정교사, 조언자, 상담자, 코치일 수 있다. 그리고 그 외에도 더 많은 가능성이 있으므로 멘토의 역할의 정확한 정의는 인간경영을 주도하는 리더

(Leader), 즉 포괄적인 존재라고 말해야 할 것 같다.

2. 멘토 개발의 의미와 필요성

1) 멘토 개발의 의미

멘토 개발의 의미는 먼저 개인 자신은 물론 학교가 바라는 바람직한 멘토로 개발 육성하려는 것이다.

이제부터 멘토 개발이라는 것이 개인과 학교의 입장에서 각각 어떤 의미를 지니며 바람직한 멘토상은 무엇인지에 대하여 알아보도록 하겠다. 아울러 멘토에게 동기부여를 통하여 자생력을 뒷받침할 수 있는 요소도 함께 다루기로 하겠다.

멘토 개발은 인재 개발에 초점을 두고 있다. 사전적인 의미에서 개발(development)이란 일반적으로 사물이나 사람의 진보적인 변화를 통한 발전과 성장을 촉진하는 활동을 의미하는데, 특히 사람의 창의성과 자발성을 자극하고 자주적인 태도와 습관을 배양함을 말한다.

멘토 개발은 개인의 입장(인간성: Humanity)과 학교의 입장(생산성: Productivity) 모두에서 그 의미를 살펴볼 수 있다. 개인의 입장에서 개발이란 단기적으로는 개인 자신이 담당한 직무에 대한 태도, 즉 일에 대한 만족감이나 긍정적인 태도를 갖는 것을 말하며, 장기적으로는 개인 스스로의 자기 정체감을 높이는 것, 즉 인간성 중심을 의미한다.

그리고 학교의 입장에서 개발이란 단기적으로는 학교의 성과에 기여할 수 있도록 개인의 능력과 자질을 향상시키고 성과를 제고하려는 것이며, 장기적으로는 학교 환경변화에 대한 적응력을 높이는 것, 즉 생산성이다. 이런 점에서 볼 때 멘토 개발은 개인과 학교 사이의 적합성(person – organization fit)을 높여 개인의 인간성 목표와 학교의 생산성 목표가 합치될 수 있도록 하는 활동이라고 할 수 있다.

따라서 개인수준에 초점을 두고 있는 멘토 개발이란 학교에서의 개인, 즉 인적자원을 대상으로 개인 자신은 물론 학교에서 바라는 바람직한 리더(Leader)로 성장할 수 있도록 개인과 학교 모두가 노력하는 활동이라고 정의할 수 있다.

이처럼 멘토 개발이 인재 개발에 초점을 두는 이유는 학교가 활동할 수 있는 자원은 여러 가지가 있겠으나 그중 인적자원을 학교의 근본적이고 가장 중요한 자원으로 전제하고 멘토 개발에서 멘토를 어떻게 개발하고 활용하는가 하는 문제가 멘토 개발의 성공 여부를 좌우하는 관건으로 여기기 때문이다.

따라서 멘토 개발이란 학교구성원에게 학교가 요구하는 가치개발을 할 수 있도록 학교가 지원함은 물론 개인 스스로가 노력함을 포함한다. 멘토 개발은 사람을 돈이나 물자처럼 취급하여 일방적으로 학교가 바라는 대로 변환시키고자 하는 것이 아니라 개인의 욕구, 개인의 인생설계, 개인의 가치관, 개인의 존엄을 존중하면서 동시에 학교가 추구하는 목표를 일치시키고자 하는 데에 초점을 두고 있는 것이다.

이러한 멘토 개발의 의미는 이른바 인적자원 포트폴리오를 통해 더욱 분명하게 이해할 수 있다. 인적자원 포트폴리오 관리도(human portfolio management grid＝BCG 컨설팅 제공자료)에서 볼 수 있는 바와 같이 학교에서 능력이나 업적이 모두 낙후되어 있는 결격사원(deadwood), 능력은 있으되 낮은 성과를 보이는 문제사원(problem employee), 능력은 낮을지라도 성과가 높은 잠재사원(work horses)들이 있게 마련이다.

특히 잠재사원과 문제사원은 학교에서 대다수 인력을 차지한다. 멘토 개발이 이러한 구성원들을 능력 면에서나 업적(성과) 면에서 뛰어난 스타(star)와 같은 우수사원 멘토로 양성하려는 것이다.

멘토 개발은 학교구성원들 중 유능직원은 더욱 유능한 직원이 될 수 있도록 능력 개발과 업적 향상의 기회를 부여하고 지원하려는 것이며, 특히 학교구성원의 대다수를 차지하고 있는 문제사원이나 잠재사원이 유능한 리더로 성장하도록 학교의 지원과 개인의 노력을 촉구하는 데에 그 특징이 있다.

결격사원에 대해서는 해고시킨다는 식의 단순한 발상을 하는 것이 아니라 이들을 개발과 육성의 대상으로 인식하고 멘토의 지도를 통하여 유능한 멘토가 될 수 있도록 성장의 기회를 제공하고 스스로 노력을 기울이도록 지원하는 것이다.

멘토 개발은 현재의 유능한 인재만을 아끼고 존중한다는 의미에서가 아니라 능력과 업적이 부족한 사람들도 더욱 발전적인 방향으로 이끌고 지원한다는 점에서 그 의미가 있는 것이다.

이처럼 멘토 개발이 인재개발을 촉진하고자 하는 것은 인간잠재력(human capabilities)과 그 중요성에 대한 믿음을 기초로 하기 때문이다. 결국 멘토 개발은 사람의 잠재능력을 키우면서 그 능력을 발휘할 수 있는 기회를 공정하게 제공함으로써 학교의 성장과 발전을 추구하는 개발 지향적 학교목표를 달성하고자 하는 것이다.

2) 멘토 개발의 필요성

향후 학교가 지속적으로 성장, 발전하기 위해서 학교는 구성원 개개인으로 하여금 업무수행기량의 향상을 통해 직무를 성공적으로 수행하여 경영성과의 향상을 가져오도록 지원하고, 개인은 자신의 미래를 대처하고 책임질 수 있는 리더로 키울 수 있는 경영활동을 스스로 수행하여야 한다. 여기에서 멘토 개발은 다음과 같은 필요성을 가지고 있다.

첫째, 멘토 개발은 학교구성원들 간에 그리고 개인과 학교 간에 상호 신뢰의 풍토를 정착시킬 수 있다.

사람을 개발하고 육성한다는 것은 학교구성원들이 상호 유기적인 업무협조 체제를 가질 수 있도록 만든다는 의미다. 또한 개발을 통해 학교는 개인들이 자신의 업무를 성공적으로 수행할 수 있으리라는 믿음을 기초로 업무를 맡길 수 있게 되고, 이를 통해 개인과 학교는 상호 신뢰를 할 수 있게 되는 것이다.

둘째, 멘토 개발은 개인과 학교 목표를 합치시킬 수 있다.

개인은 자기개발을 통해 학교에서 바라는 인재가 됨으로써 자기성장욕구를 충족시키고, 학교와 사회에 공헌할 수 있기를 바라며, 학교 역시 훌륭한 인재의 확보와 육성을 통해 학교의 성장발전을 이루고자 한다. 인재개발을 통해 개인의 성장과 발전을 촉진함으로써 학교의 성과를 높일 수 있는 것이다.

셋째, 멘토 개발은 학교와 자학교무에 대한 호의적인 태도를 갖고 바람직한 행동을 하는 멘토를 개발하는 것이다.

즉 멘토 개발은 개인이 일에 대한 건전한 가치관 및 행동방식을 갖도록 하고 이것을 학교구성원들 간에 공유되도록 한다. 그 결과 학교구성원들은 자기 학교에 대한 강한 소속감과 자부심 및 높은 업무의욕을 가지고 상호 협동하여 일을 열심히 할 것이다. 또한 신입원(New Comer)이 학교문화적 가치관 및 행동방식에 적응하여 학교의 일원으로 정착되도록 함으로써 개인과 학교 간에 상호 적합성을 제고시킨다.

넷째, 멘토 개발은 구성원의 개인역량을 배양함으로써 타 학교가 모방할 수 없는 학교의 내부적 핵심역량을 개발하는 활동이다.

학교경쟁력의 원천은 물질적·경제적 차원과 정신적·사회적 차원으로 나눌 수 있는데, 사회적 차원에서의 여러 가지 원천 중에서 가장 중요한 것이 사람이라고 할 수 있다.

사회적 차원의 경쟁우위의 요소는 사회적 자원(social resources)이라고 하는데, 여기에는 학교문화라든가 인적자원관리 관행 등 사람과 불가분의 관계에 있는 것들이 포함된다. 이러한 사회적 자원은 가치성, 희귀성, 모방 불가능성, 대체 가능성의 부재라는 점에서 한 학교 고유의 역량이며 인재경쟁력인 것이다.

이처럼 멘토 개발은 학교의 인재경쟁력 제고의 출발점이 된다. 최근 학교 간 경쟁이 격화되고 주로 소프트한 측면들이 경쟁우위의 요소가 되고 있는 상황에서 '인재의 차이'가 그대로 '학교의 차이', '성과의 차이'로 나타나고 있기 때문에 학교가 성공하기 위해서는 그 어느 때보다도 우수한 멘토 개발의 필요성이 절실히 요청

되고 있는 것이다.

3. 멘토 개발 5가지 기준

멘토를 구체적인 핵심인물로 개발하는 데 5가지 기준을 설정하고 그에 따라 핵심인물로 개발하는 방법을 다루도록 하겠다. 멘토들이 시간을 어디에 써야 할지를 궁금해할 수도 있다. 그러므로 학교의 핵심그룹 속에 다음 다섯 가지 형태의 멘토들을 확보할 수 있도록 노력하여야 한다. 이 다섯 가지 형태의 멘토는 학교에 놀라운 가치를 부여해 줄 것이다.

1) 잠재력의 가치 – 자신의 능력을 개발하는 멘토

모든 리더들이 가져야 하는 첫 번째 능력은 자기 자신을 지도하고 동기부여를 주는 능력이다. 당신의 눈을 이런 잠재력을 가진 멘토를 보기 위해 넓게 열라.

2) 긍정의 가치 – 학교의 사기를 진작하는 멘토

학교에서 피스메이커(Peace Maker)로서 다른 사람을 세워 주고 학교의 사기를 높여 주는 사람, 즉 멘토(Mentor)는 무한한 가치가 있는 사람이다. 그들은 핵심그룹에 속할 수 있는 훌륭한 자산을 가진 사람들이다.

3) 인격의 가치 – 멘제를 멘토로 개발하는 멘토

어느 사람이 나에게 이렇게 말했다. "맨 위에 있는 사람은 외롭다. 그러므로 당신이 왜 거기에 있어야 하는지를 잘 아는 것이 좋다." 멘토는 무거운 짐을 지고 가는 사람이라는 것은 사실이다. 사실 앞에서 일할 때, 멘토는 사람들의 손쉬운 표적이 될 수 있다. 그러나 홀로 그 짐을 지려고 해서는 안 된다. 그래서 우리는 이렇게 말할 수 있다. "맨 앞에 있는 사람은 외롭습니다. 그러므로 다른 사람과 그 일을 함께하시오."

멘제를 세워 주는 사람보다 더 좋은 사람이 어디에 있겠는가? 그 사람이 예스맨으로서가 아니라 동역자요 든든한 후원자일 때 말이다. 멘제를 향상시켜 줄 수 있는 핵심인물인 멘토로 그룹을 형성할 수 있도록 노력하자.

4) 생산의 가치 – 다른 사람을 세워 주는 멘토

다른 사람을 리더로 세워 주는 능력을 가진 멘토는 당신의 핵심 그룹에서 대단히 중요한 인물들이다. 이러한 멘토에게 핵심역량은 바로 멘토십으로 무장하는 것임을 알아야 한다.

5) 인정의 가치 – 다른 사람들을 세워 주는 리더를 기르는 멘토

어느 것보다도 소중히 여겨야 할 가치는 다른 리더들을 자신과 같은 멘토로 길러 주는 리더, 즉 멘토의 가치이다. 이 가치는 다양한 리더십을 발생시킨다.

멘토 자기개발

1. 멘토 자질 개발

멘토링을 연구했던 대부분의 학자들은 멘토에 대한 정의를 내리는 데 어려움과 혼동을 겪고 있다. 이 말은 멘토라는 말은 어떤 한 단어 혹은 한 문장으로 쉽게 정의 내릴 수가 없다는 것이다.

멘토라는 단어 안에는 여러 종류의 의미가 내포되어 있는데, 예를 들면 교사, 인생의 안내자, 본을 보이는 사람, 후원자, 의욕을 고취시키는 사람, 비밀까지도 털어놓을 수 있는 사람, 스승 등이 있다.

어떤 사람이 멘토로 불리기 위해서는 이들 중 적어도 서너 가지의 자격을 갖춘 사람이어야 한다. 한 문장으로 정의를 내리자면 멘토는 '상대보다 경험이나 연륜이 많은 사람으로서 상대방의 잠재력을 볼 줄 알며, 그가 자신의 분야에서 꿈과 비전을 이루도록 도움을 주며 때로는 도전도 줄 수 있는 사람', 결론은 '전인적인 삶의 조언자'라고 할 수 있다.

그러면 누가 멘토가 될 수 있는가? 멘토의 자질은 무엇인가에 대해 알아보기로 하자. 멘토는 누구나 될 수 있지만 아무나 될 수는 없겠다. 거기에는 몇 가지 자질이 요구된다.

1) 멘제의 인격을 존중하는 사람(Personal Respect)

멘토는 멘제를 하나의 진정한 인격으로 대하는 사람이다. 상대방을 자신의 목적을 위해 이용하려는 사람, 즉 정치적인 의도가 다분한 사람은 멘토의 자격이 없다. 20세기의 위대한 사상가 마틴 부버는 이것을 지적하여, 상대방을 수단으로 보는 것은 '나와 그것(I-It)'의 관계라고 말한다. 그러나 멘토는 상대방을 자신과 동등하게 존중받아야 할 인격체로 이해하며, 가면을 벗고, 상대방을 조정하려는 자세를 버린다. 이러한 때 진정한 관계가 성립되고, 부버가 강조하는 '나와 너(I-Thou)'의 관계로 발전된다.

2) 멘제에게 긍정적인 사람(Peace Maker)

멘토는 평소의 삶이 긍정적 자세인 사람이며, 마음이 열린 사람이다. 멘토는 마치 부모나 가족과 같아서 자신의 멘제에게 일관된 관심을 줄 수 있어야 하는데, 삶을 보는 시각이 부정적이거나 마음이 닫힌 사람은 멘토로서의 자격이 결여된다.

3) 멘제의 특성과 잠재력을 볼 줄 아는 사람(Potential Power)

멘토는 멘제가 지닌 적성을 볼 수 있는 사람이다. 멘토는 보통 멘제보다 세상경험이 많은 사람이다. 그 분야에서 이미 시행착오를

겪은 사람이다. 그리고 상대방의 장점을 극대화시키며, 상대방의
단점을 극소화시킬 수 있는 안목이 있다.

4) 멘제와 의사소통이 능한 사람(Communication)

멘토는 의사소통에 능한 사람이다. 같은 말을 해도 상대방에게
부정적인 표현 등을 통해 부담을 주는 것이 아니라, 힘과 용기를
줄 사람이다. 그리고 중요한 것은 상대방의 견해를 소화하는 열린
귀가 있는 사람이다.

5) 조직에 대한 올바른 가치관(The View of Value)을 가져야 한다.

먼저 멘토는 자신이 조직의 배려로 오늘과 같은 가치 있는 구성원
으로 업그레이드되었음을 인정하고 이러한 조직에 대한 올바른 가치
관을 가지고 멘제에게 자신이 소유한 정보, 지식, 업무 등, 즉 가치
를 제공할 경우, 멘제는 멘토에게 좀 더 호의적으로 다가올 수 있다.
조직이 멘토인 나를 키워 주었으므로 나는 대신 멘제를 키운다.

6) 핵심역량(Competency)과 업무의 다양한 전문성을 갖춰야 한다.

멘토는 개인의 노력이나 학교의 지원을 통하여 소유한 역량
(Competency)과 다양한 전문지식을 멘토링 활동에서 멘제와의 자율
학습향상, 역량개발, 특기개발, 관계개선 등에 최선을 다하여 발휘
함으로써 멘토링 목표를 성공적으로 달성하는 데 기여할 수 있다.

2. 멘토 역할 개발

유능한 멘토는 멘제의 상황에 따라 자유자재로 대응방법을 바꿀 수 있는 역량을 필요로 한다. 이러한 멘토가 되기 위하여 갖추어야 할 5가지 역할 멘토십 스킬을 소개하면 교육(Teaching)에 대한 스킬, 상담(Counseling)에 대한 스킬, 지도(Coaching)에 대한 스킬, 후원(Sponsoring)에 대한 스킬 그리고 조정(Confronting)에 대한 스킬이다.

그리고 목표는 한 가지, 멘제의 능력을 개발하고 창의력을 살려 개인적으로는 리더로서 성장할 수 있도록 하며 결국은 학교에 공헌함으로 학교의 목표인 인적 경쟁력을 확보할 수 있도록 하는 것이다.

1) Teaching(교육) – 가르치는 교사의 역할(IQ부문)이다.

교육을 실시하는 것은 멘제에게 테크닉을 주입시키는 것이 아니다. 교육의 근본은 '너는 우리 가족이다', '너는 해낼 수 있다'는 의식을 깨우치는 것이다. 이 기본만 확실히 되어 있다면, 이후의 기술 습득과정은 60~90% 단축된 것이나 다름없다. 왜냐하면 이 자각이 학습의욕을 불러일으키기 때문이다.

그러나 유의해야 할 점은 '교육'과 '지시 내리는 것'을 혼동하여서는 안 된다. 교육이 일방적인 지시가 되어서는 안 된다는 것이다. 적절한 도구와 행동의 자유를 주어 스스로 해 보도록 하고 결과에 관하여 구체적이고 솔직한 피드백을 해 줌으로써 잠재능력을 향상시키는 것이다. 그러한 잠재능력을 누구나 갖고 있다는 굳은 신념에 입각하여 행동하는 것, 이것이 교육의 진수이다.

2) Counseling(상담) – 들어 주는 상담자의 역할(EQ부문)이다.

이제 멘토로서 상담 스킬을 다룬다. 멘토로서 카운슬러의 역할은 멘제가 실력을 마음껏 발휘하는 것을 가로막는 문제를 이해시키고 그 문제의 해결에 도움을 주는 것이다. 시간을 가지고 인내심을 지녀야 한다. 물론 더러는 30분만 들이면 해결할 수 있는 것도 있다.

정보부족이나 단순한 오해에서 비롯된 문제는 쉽게 풀린다. 그러나 훌륭한 기술을 가지고 있음에도 불구하고 팀플레이를 주저하는 멘제를 설득하여 다른 사람과 협력하도록 만들기 위해서는 며칠이나 몇 개월이 걸릴지도 모른다. 카운슬링이란 이러한 여러 가지 문제 상황을 해결해야 하는 '감초'인 것이다.

3) Coaching(코치) – 같이 뛰어 주고 친목교제를 나누는 코치의 역할이다.

업무를 다루는 코칭과 달리 여기에서 멘토링 코칭(Coaching)은 일반적으로 멘제를 온전한 학교원으로 만들고 적극적으로 학교에 참여하도록 정서적인 친목을 유도하는 것이다.

구체적으로 말하면, 멘제와 친목교제를 하는 것, 즉 업무 가운데서 신뢰를 유지하는 것, 활력을 부여하는 것, 반면 멘제와 업무를 떠나서 인성적인 차원에서 등산, 외식, 영화, 경기관람, 가정방문, 서점방문 등으로 친목을 통하여 마음이 하나가 되는 것이다.

4) Sponsoring(후원) – 추천하고 신분을 보증해 주는 후원자 역할
   이다.

후원이란? 강력한 훈련을 실시하여 용기를 북돋아 준 다음 멘제가 자신의 힘으로 학습을 수행할 수 있도록 여러 조건을 마련해 주는 것이다.

멘토 후원자는 멘토가 실력을 마음껏 발휘할 수 있도록 장애물을 제거하여 홀로 설 수 있도록 한다.

후원이란 원 투 원(One to One)으로 멘제의 자립성을 개발하는 것이다. 멘토는 멘제의 가이드인 것이다. 멘토는 멘제를 자신의 생각대로 움직이게 하고 싶은 충동에 휩싸이기 마련이다. 그렇지만 이 충동을 뿌리치는 것이 후원자로서 지녀야 할 중요한 마음가짐 중의 하나이다.

멘제와 그 후원자 멘토는 이 기본원리를 제대로 수행할 수 있어야 비로소 승자로 살아남을 수 있다. 멘토로서 후원자는 자발적으로 후원대상자인 멘제의 활동, 행복, 진보, 성취, 개인적 문제, 장래 희망 등등에 적극적인 관심을 보이고 긍정적이면서 남에게 칭찬을 아끼지 말아야 한다.

5) Confronting(조정) – 맞대면하여 업무보직 적응력에 대한 불만
   을 해소한다.

멘제의 적응력과 업무 능률을 올리기 위하여 멘토는 모든 수단으로 지원하지만, 효과가 나타나지 않을 경우 멘제의 문제 해결, 스트레스해결 등 조정을 해 줄 필요가 있다.

그 경우에는 다른 방책을 진지하게 고려할 필요도 있다. 중요한 것은 방관하지 말고 문제를 정면에서 보고 조정해야 한다. 달리 어떤 해결 방법이 있는지 명확히 하고 선택의 폭을 넓히는 것이다.

3. 멘토 자생력 개발

멘토링 활동에서 성공률을 높이기 위한 필수적인 조건이 멘토의 자생력을 길러 주는 것이다. 특히 전통적인 멘토링과는 달리 조직 개발 멘토링에서는 멘토의 리더십을 제대로 개발해 주어야 멘토링 활동에 열정을 바칠 수 있는 것이다. 아래 내용과 같이 학교의 적극적인 지원이 필요한 것이다.

1) 조직에서 지원과 배려사항

(1) 멘토는 조직 차원에서 사전에 멘토링에 관한 전문적인 교육을 수강해야 한다.

(2) 멘토는 조직 차원에서 멘토 풀 센터 등으로 제도적인 지원이 필요하다.

(3) 멘토에게 조직에서 분명한 멘토링 활동 목표를 부여해야 한다.

(4) 멘토에게 동기부여를 사전에 제시하여 열성을 유도해야 한다.

2) 오늘날 왜? 멘토가 인기 있는 7가지 이유

(1) 멘토는 멘제가 삶의 전환기를 통해 성장하도록 돕는다.

(2) 멘토는 멘제의 기술을 증진시킨다.

(3) 멘토는 멘제가 소속한 팀을 세운다.

(4) 멘토는 멘제의 비전을 자극한다.

(5) 멘토는 멘제에게 사랑 안에서 진실을 말한다.

(6) 멘토는 멘제의 향상을 촉진한다.

3) 멘토 자생력 개발을 위한 3대 의식

(1) 멘토의 소명의식 – 멘토는 조직의 장 CEO(Big Leader)의 위임을 받아 멘제의 질적인 인재개발을 위한 작은 조직의 장(Small Leader)으로 소명의식을 갖는다.

(2) 멘토의 사명의식 – 멘제를 전인격(知, 情, 意)적으로 서비스하는 데 사명의식을 갖는다.

(3) 멘토의 창의의식 – 멘제와 활동기간 동안 성장목표를 달성하는 데 창의의식을 갖는다.

◙ 멘토 자생력 개발 자기진단표

아래 멘토의 자질 테스트는 자신의 자생력을 개발하는 자료이므로 상대를 의식할 필요는 없다. 멘토가 되는 것은 또 하나의 부름(Calling)이다. 이 소명에 충실하게 살려면 어떻게 해야 할까? 여기 훌륭한 멘토가 될 만한 몇 가지의 항목들이 있다. 월간이나 계간 등 주기적으로 점검한다.

* 멘토 자생력 개발 진단척도

1점＝거의 2점＝드물게 3점＝간혹 4점＝대부분 5점＝언제나

구분	자기진단 설문 항목	평가				
		5	4	3	2	1
소명의식	1. 멘제를 위하여 관심을 갖고 주 1회 메일을 전송한다.					
	2. 멘제와 함께 모임에 참석하면서 궁금해하는 점을 설명해 준 적이 있다.					
	3. 멘제가 학교규정이나 교칙에 대해 가장 의문스러워하는 점이 무엇인지 알고 있다.					
	4. 종종 그와 함께 직장 체험을 나눈다.					
	5. 내가 속해 있는 조직에 만족하며 다른 이에게도 권할 의향이 있다.					
	6. 조직의 구성원이 된 것에 감사하고 있으며, 멘토가 된 것도 나에게 주어진 사명이라고 생각한다.					
사명의식	7. 멘제와 함께 봉사활동을 할 의향이 있다.					
	8. 자신의 가족을 멘제에게 소개하고 식사를 함께한 적이 있다.					
	9. 그들이 현재 상황에 있기까지 과정을 알고 있다.					
	10. 멘제의 애경사에 관심을 갖고 참석한다.					
	11. 멘제에게 힘겨운 일이 생겼을 때, 나는 그가 찾아올 수 있는 평안한 사람이라고 생각한다.					
	12. 멘제를 많이 두는 것보다, 한 사람일지라도 잘 돌보는 것이 더 중요하다고 생각한다.					
	13. 멘제가 관심을 보이는 자선단체나 봉사활동에 대해 조언을 해 줄 수 있을 정도의 지식을 갖고 있다.					
창조의식	14. 멘제가 최근에 했던 고민을 알고 있다.					
	15. 멘제 가족의 이름을 알고 있다.					
	16. 멘제가 존경하는 성인에 대해 알고 있다.					
	17. 멘제에게 관심 있는 책 구입을 권한다.					
	18. 멘제와 함께 수련회나 야외 행사에 참여했거나 계획 중이다.					
	19. 멘제 소속 기관의 관심사에 대해 멘제와 토론하며, 이때 주장을 내세우기보다는 그의 의견을 경청하는 편이다.					
	20. 가끔 조직 밖으로 나가서 그들과 함께 유익한 문화생활을 한다.					
계( )점						

4. 멘토 활동수칙 20

1) 한 번에 한 사람의 파트너와만 만나라. – 대량의 생산은 사람의 개발에 적용되지 않는다.

2) 개인적인 내용은 비밀을 유지하라. – 이것에 실패한 멘토는 사람과 신용을 모두 잃는다.

3) 겸손한 마음으로 나는 돕는 역할을 할 뿐임을 알라. – 자기를 주입하려 하지 말고 도우라. 그래야 상처가 없다.

4) 멘토 자신이 계속 훈련을 받으며 자라 가라. – 멘제는 우리의 자라는 모습을 통해 더 격려를 받는다.

5) 말보다는 삶으로 본을 보이라. – 멘제는 말보다 멘토의 삶을 통해 변화한다.

6) 상대방에 대한 진지한 사랑과 관심을 가지라. – 멘토링의 기술보다는 사람이 더 중요하다.

7) 먼저 들어 주고 자세히 관찰하라. – 잘 들을 때 멘제의 필요를 빨리 발견할 수 있다.

8) 시간과 약속을 잘 지키라. – 약속을 지킬 때 서로의 신뢰가 쌓인다.

9) 언어 사용에 주의하고 예의를 지키라. – 언어 사용은 멘토의 인격을 나타내 줄 때가 많다.

10) 물질과 시간을 투자하고 멘토링 활동에 최우선순위를 두라. – 투자하는 만큼 열매를 맺는다.

11) 멘토의 모든 활동은 모니터의 지도와 관찰을 받으라. – 멘토 자신의 멘토가 모니터임을 기억하라.

12) 함께 목표를 설정하라. - 목표가 없으면 두 사람의 만남이 방
향을 잃기 쉽다.

13) 어떤 내용을 가지고 교제할지에 대해 정하라. - 미리 알 때
기대감이 생기고 준비가 된다.

14) 정규적인 만남을 가지라. - 정규적인 만남이 두 사람의 목표
를 이룸에 크게 작용한다.

15) 기간을 정하고 시작하라. - 일정한 기간이 정해질 때 지루함
이 방지되며 계획 설정에 도움이 된다.

16) 문제 해결에 있어 성인이나 위인들의 말을 인용하라. - 성인
들의 말을 인용할 때 멘제의 이해의 폭을 넓힌다.

17) 외적인 요소로만 사람을 판단하지 마라. - 외형이나 신분에
집착하는 것은 멘토링 활동의 실패원인이다.

18) 적극적인 자세를 가지라. - 소극적인 멘토는 멘제의 열심을
끌어내지 못한다.

19) 2, 3개월에 한 번씩 두 사람의 관계를 평가하라. - 정기적인
평가는 방향 설정을 재정립해 준다.

20) 멘토링 활동은 가능하면 동성끼리 하라. - 서로에게 이성을
느끼는 사이라면 피하는 것이 좋다.

5. 조직별 멘토 대상과 역할

[청소년 멘토는 누가 되는가?]

1) 대상

(1) 친척, 이웃사람, 학부모, 학교동문

(2) 대학생, 학교교사, 과외교사, 학교교사 ,학습지 교사

(3) 사회저명인사 Home schooling 교사

2) 자격

(1) 나이가 많고 삶의 경험이 풍부한 자

(2) 지식과 기술을 가진 자나 컴퓨터를 이해하는 자

(3) 운동이나 예체능의 특기를 가진 자

(4) 상대방을 폭넓게 포용할 수 있는 자

(5) 지도력을 갖추고 남에게 호감을 주는 자

3) 금기사항

(1) 동성관계가 원칙이며 이성관계는 금한다.

(2) 금전관계와 출세 지향의 권력 이용은 금한다.

(3) 가능한 부모나, 담임교사(전교 멘토링 경우) 등은 제외한다.

4) 멘토의 역할

(1) 이모나 삼촌(아주머니, 아저씨)과 같이 삶의 이야기를 나눈다.

(2) 왕따, 학교생활, 가정생활, 친구관계 등에서 어려움을 이야기한다.

(3) 즐거움(생일, 진급, 수상)이 있을 때 같이 나눈다.

(4) 학습부진의 경우에 서로 대안을 세운다.

(5) 가정과 학교 사이에서 대리인 역할을 해 준다.

(6) 지배의식을 갖지 않고 자유롭게 의사결정 기회를 준다.

(7) 이야기 내용을 경청하고 존중해 준다.

(8) 나보다 더 뛰어날 수 있도록 안내한다.

(9) 일방적이 아니고 서로가 도움이 될 수 있도록 상호 관계를 유지한다.

6. 멘토 6가지 유익

이제 멘토가 됨으로써 얻는 유익이 어떤 건지 살펴보기로 하자. 이러한 유익 중 대부분은 무형의 것이다.

그렇다고 해서 이것들의 가치가 떨어지는 것은 전혀 아니다. 스승이 됨으로써 다음과 같은 여섯 가지 유익을 얻을 수 있다.

1) 다른 사람과의 긴밀한 관계, 2) 자신이 새로워짐, 3) 자기 성취감, 4) 강화된 자부심, (5) 당신의 삶을 통해 타인에게 영향을 끼

침, (6) 길이 남길 자신의 유산을 남기기

1) 다른 사람과의 긴밀하고 인격적인 관계

다른 사람들과의 긴밀하고 인격적인 관계를 맺을 수 있다. 통제가 아니고 발전을 위한 관계일 때는 어떠한 관계의 멘토링에서도 우정과 친밀감을 느낄 수 있다.

2) 자신이 새로워짐

멘토링 관계는 멘제의 성장을 돕는 과정에서 멘토 자신도 성장함으로써 자신이 새로워질 수 있다.

3) 자기성취감

사람들을 발전(성장)시키는 멘토링은 가장 큰 자기성취감을 맛볼 수 있다.

4) 강화된 자부심

자신을 믿고 따르며 도움을 요청하는 멘제가 있다는 사실로 멘토는 두려움도 느끼지만 그보다는 더욱 신이 나서 적극적이며 강한 자부심을 느낄 수 있다.

5) 당신의 삶을 변화시켰다는 확신

멘토십(Mentorship)을 통하여 자신의 삶이 변화된 것을 느끼며 자신의 삶에 대한 확신을 가지게 된다.

6) 길이 남을 자기 유산 남기기

멘제를 자신보다 더 훌륭한 사람으로 만들어 가면서 그가 가진 지혜를 다음 세대에게 영구히 유산으로 남길 수 있다.

Theme 4

Skill 멘토 개발기술

청소년은 미성년자이므로 멘토가 청소년에 관한 상당한 수준의 전문기술을 필요로 한다. 특히 교육으로 끝나는 것이 아니고 일정 기간 생활을 같이해야 되므로 더욱 그렇다. 청소년 대상 기술이 수도 없이 산재해 있으나 멘토링 과정에서 가장 중요한 아래 3가지 기술을 추천한다.

경청기술:

멘토링 관계에서 가장 중요한 것이 경청이다. 왜냐하면 멘제의 피드백은 멘토의 진지한 경청에서 이루어지기 때문이다.

소통기술:

모든 조직활동은 커뮤니케이션 없이는 생각할 수가 없는 것이다. 다른 사람들과 어떻게 하면 효과적으로 협력관계를 조성하여 유지해 나가느냐가 성공의 관건이다.

상담기술:

일반상담은 문제 있는 청소년을 정상으로 옮기기 위한 수직적인 상담이나 멘토링은 당초 정상에서 시작하여 앞으로 자신과 같은 멘토 리더로 업그레이드하기 위한 수평관계 상담이다.

Index

1장 멘토 경청기술
2장 멘토 소통기술
3장 멘토 상담기술

경청 촉진 기술
Listening Skill

경청 스킬은 멘제의 이야기를 어떤 식으로 듣느냐 하는 듣기 방법과 기술이다. 어떤 경청 방법이 멘제의 가능성을 최대한 끌어낼 수 있는지가 포인트이다. 멘제의 이야기를 듣는 태도에 따라 '귀로 듣는다', '입으로 듣는다', '마음으로 듣는다'로 구분할 수 있다. 멘제의 업무 촉진을 위해 가장 좋은 방법은 '마음으로 듣는다'라고 볼 수 있겠다.

1. 경청 스킬의 목적

- 대화에서 경청방법과 관련된 기술
- 어떻게 하면 멘제가 본래 가지고 있는 능력이나 가능성을 최대한 발휘해서 자아실현을 할 수 있게 하는 기술

2. 경청 스킬의 종류

귀로 듣는다　　입으로 듣는다　　마음으로 듣는다

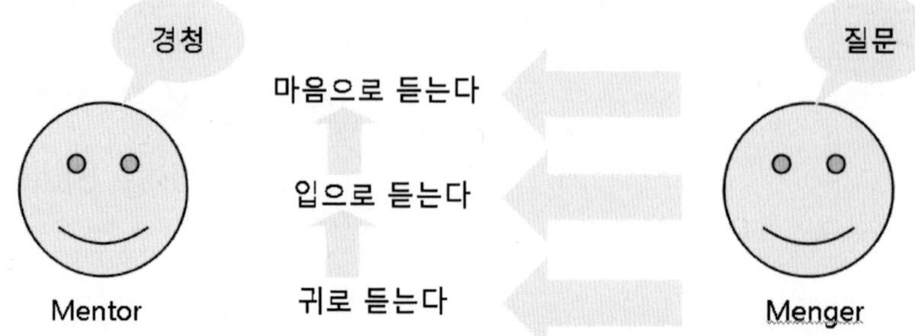

3. 경청 스킬 예시

귀로 듣는다

1) 겉으로는 듣는 척하고 머리는 딴생각으로 가득 찬 상태
   * 잡념, 사념, 고정관념, 선입견 등등
표현: (1) 요점만 말해 난 지금 바쁘단 말이야
   (2) 그건 옳아 그건 틀려 식의 고정관념
   (3) 자네가 말하고 싶은 건 분명 이러한 것일 거야 식의 선
       입견
개선: 멘제 중심의 180도 경청 방향으로 선회해야 함

입으로 듣는다

1) 멘제의 이야기를 귀담아듣는 스타일로 '신중하게 듣는 중이
   야'라는 반응을 보인다 - 면접시험과 스타일
2) 문제점 - 누구를 위해 듣는가? 나를 위해 듣는 면접 시험관?

바른 경청: (1) 멘제 중심의 경청으로 관심을 보일 수 있는 입으
로 질문하는 스타일

(2) 음성을 듣는 것이 아니라 말하는 내용에 중점을 둠

마음으로 듣는다

1) 멘제의 자아실현을 위하여 가장 좋은 경청방법
2) 멘제 입장에서 이야기를 경청하고 멘제가 느낄 수 있는 반응
3) 자아실현 - 멘제가 스스로 해답을 찾을 수 있도록 서포트
서포트 방법: (1) "이쪽이 자네를 위해 더 나을 걸세."

(2) 멘토의 척도가 아니라 멘제의 척도에 맞게 대응

(3) 멘제가 이야기하고 싶은 것을 듣는다.

4. 셀프 테스트로 알아보는 경청 유형

말 잘하는 사람이 부럽다면 상대방의 마음을 사로잡고 싶다면
먼저 잘 들어라. 귀를 쫑긋 세우고 마음을 열어 경청하라. 경청은
멘토/멘제의 성공적 대화를 위한 첫 번째 기술이다. 경청을 하는
태도에도 유형이 있다. 당신은 어떤 유형에 속하는가? 다음의 셀프
테스트를 통해 알아보자.

구분	NO	설문 진단도구	점수				
			1	2	3	4	5
01	1	상대방의 말을 들을 때 그 사람의 느낌에 귀를 기울인다.					
	2	상대방의 말을 들으면 기분이 좋은지 그렇지 않은지 금세 알아차린다.					
	3	상대방이 자기 문제를 털어놓을 때 그 사람의 말에 금방 몰두한다.					
	4	새로 알게 된 사람의 말을 들을 때 공통의 관심사를 찾으려고 노력한다.					
	5	다른 사람이 말을 할 때 눈짓이나 고갯짓으로 흥미를 표현한다.					
02	6	다른 사람이 자기 생각을 조리 있고 효과적으로 표현하지 못하면 갑갑해한다.					
	7	다른 사람의 말을 들을 때 내용의 불일치나 모순점에 집중한다.					
	8	말하는 사람의 생각을 건너뛰거나 예단한다.					
	9	대화 도중에 곁가지를 치며 다른 얘기를 꺼내는 사람이 정말 싫다.					
	10	말하는 사람이 더 빨리 요점에 도달할 수 있게 질문을 던진다.					
03	11	모든 사실을 듣고 나서야 판단을 내리거나 의견을 내놓는다.					
	12	기술적인 정보를 선호하는 편이다.					
	13	의견이나 주장보다는 내가 직접 평가해 볼 수 있는 사실이나 증거를 듣고 싶어 한다.					
	14	복잡한 정보를 듣는 게 즐겁고 좋다.					
	15	추가적인 정보를 캐내기 위해 질문을 던진다.					
04	16	바쁠 때면 이야기를 들어줄 시간이 한정돼 있음을 상대방에게 말한다.					
	17	토론을 시작하기 전에 얼마나 오래 기다렸는지부터 말한다.					
	18	시간이 없다 싶으면 상대방이 말을 하는 도중에라도 끼어든다.					
	19	시간이 없다 싶으면 말을 하고 있어도 손목시계나 벽시계를 쳐다본다.					
	20	시간의 압박을 느낄 때면 다른 사람의 말에 대한 집중력이 떨어진다.					

● 점수 계산하기

01 1~5번 문항에 4 또는 5를 표기한 횟수: 사람 지향적 - - ○

02 6~10번 문항에 4 또는 5를 표기한 횟수: 행동 지향적 - - ○

03 11~15번 문항에 4 또는 5를 표기한 횟수: 내용 지향형 - - ○

04 16~20번 문항에 4 또는 5를 표기한 횟수: 시간 지향형 - - ○

당신은 어떤 항목에서 가장 높은 점수를 얻었는가? 각 항목들 사이의 점수 편차는 당신의 듣기 성향에 대한 정보를 담고 있다. 4~5점은 강한 성향, 3점은 보통 성향, 1~2점은 약한 성향, 0점은 성향이 없는 것이다. 만약 두 개 이상의 항목에서 4~5점을 얻었다면 당신은 복합적인 듣기 성향을 가진 사람이다. 반대로 모든 항목에서 0점을 얻었다면 당신은 듣는 것 자체를 회피하고 있을 가능성이 크다.

5. 듣기 유형, 장점과 단점

1) 사람 지향적 유형

당신은 타인의 말을 들으면서 그의 감정 상태를 온전히 이해하고 별다른 선입견 없이 그 사람을 바라볼 것이다. 그래서 사람들은 개인적인 문제나 위기에 봉착했을 때 바로 당신을 찾게 된다. 그러나 거의 모든 유형의 사람들에게 열려 있다 보니 당신은 타인과 너무 잘 얽히게 된다.

장 점	단 점
1) 다른 사람에게 관심 많고 배려할 줄 안다.	1) 타인의 감정 상태에 너무 쉽게 휘말린다.
2) 선입견이나 편견을 갖지 않는다.	2) 타인의 잘못이나 약점을 잘 보지 못한다.
3) 대화할 때 반드시 유언 무언의 피드백을 준다.	3) 타인의 감정을 내면화하거나 약점을 잘 보지 못한다.
4) 타인의 감정 상태를 잘 파악한다.	4) 타인의 일에 지나치게 간섭하기 쉽다.
5) 타인의 분위기를 빨리 감지한다.	5) 피드백을 줄 때 너무 오버할 수 있다.
	6) 이 사람 저 사람 가리지 않고 친해질 우려가 있다.

2) 행동 지향적 유형

자신은 맡은 일에 집중한다. 개략적인 내용에 귀를 기울이고 두서없는 이야기를 듣는 것을 힘들어한다. 또 다른 사람들에게 주제에서 벗어나지 않도록 도움을 주고 논리적, 구조적 방식으로 정보를 제공하기 때문에 대부분의 회의에서 환영받는다. 그러나 때때로 임무에 너무 집착하기 때문에 다른 사람들과 관계를 맺는 데 참을성을 발휘하지 못하고 관심이 없는 것으로 비치기도 한다.

장 점	단 점
1) 문제의 핵심에 재빨리 접근한다.	1) 주위가 산만한 대화자를 참지 못한다.
2) 목표와 관련된 피드백을 재빨리 제공한다.	2) 말이 끝나기 전에 넘겨짚고 재빨리 결론을 내린다.
3) 당장 수행해야 할 임무를 이해하는 데 에너지를 집중한다.	3) 대화자가 두서없이 이야기하면 쉽게 산만해진다.
4) 다른 사람들이 중요한 것에 초점을 맞추도록 돕는다.	4) 무례한 질문을 한다.
5) 다른 사람들이 구조적이고 간결하게 말을 하도록 돕는다.	5) 지나치게 비판적으로 본다.
6) 내용 속에 담긴 모순을 잘 파악한다.	6) 감정적인 문제를 과소평가한다.

3) 내용 지향적 유형

　모든 내용을 신중하게 평가하는 경향이 있다. 자세히 듣고 이면에 숨겨진 내용까지 파헤치는 등 문제를 모든 관점에서 탐구한다. 또 문제의 모든 면을 파악하려 하고 난해하거나 복잡한 정보에 귀를 기울이는 것을 좋아한다. 기술 분야의 종사자들이 이 범주에 속한다.

장 점	단 점
1) 기술적인 정보를 높이 평가한다.	1) 지나치게 세부적인 것에 집착한다.
2) 정보가 얼마나 명료한지 자신이 얼마나 이해했는지를 점검한다.	2) 신랄한 질문으로 다른 사람을 위협한다.
3) 다른 사람들이 자신의 생각에 대한 근거를 제시하도록 격려한다.	3) 비기술적 정보를 과소평가한다.
4) 복잡하고 어려운 정보를 환영한다.	4) 알려지지 않는 개인에게서 들은 정보는 높게 평가하지 않는다.
5) 문제의 모든 측면에 관심을 갖는다.	5) 결정하는 데 오랜 시간이 걸린다.

4) 시간 지향적 유형

　시간을 중시하고 낭비하는 사람들을 참지 못한다. 효율성과 시간 관리를 중시하는 반면 시간에 대한 압박감 때문에 창조력을 발휘하지 못한다. 또 인간관계를 망치거나 경시하기 쉬우므로 주의해야 한다. 사업가나 샐러리맨 등에서 쉽게 찾아볼 수 있는 유형이다.

장 점	단 점
1) 시간을 효과적으로 관리한다. 2) 다른 사람의 말을 들을 때 시간이 제한되어 있음을 알린다. 3) 만남이나 대화에서 시간을 어떻게 이용할 것인지 지침을 정한다. 4) 대화자가 쓸데없는 말을 하며 시간을 낭비하지 못하도록 한다. 5) 시간이 낭비되고 있을 때 상대방에게 암시를 준다.	1) 시간을 낭비하는 사람을 참지 못하는 경향이 있다. 2) 인간관계에 긴장을 주면서 다른 사람들을 방해한다. 3) 시간을 의식하다 보면 집중력이 떨어질 수 있다. 4) 자주 시계를 들여다봐 대화자를 조급하게 만든다. 5) 시간적인 압박을 주어 다른 사람들이 창조력을 발휘하지 못하게 한다.

6. 경청 유형에 대한 전략

반대로 상대방의 듣기 성향을 알고 있다면 대화를 자신에게 유리하게 이끌 수도 있다. 다음의 단서가 상대방의 듣기 성향을 파악하는 데 도움이 될 것이다. 성향을 알았다면 그에 맞는 전략도 세워라.

구 분	사무실(환경적 단서)	개인적 단서	유형별 전략
사람 지향적	1) 벽에 개인적인 사진이 걸려 있거나 책상에 개인적인 물건이 있다. 2) 책상이 지저분하다.	1) 시선을 마주친다. 2) 억양이 다양하다. 3) 동의의 표시로 자주 미소를 짓거나 고개를 끄덕인다.	1) 인간적 가치를 포함하는 이야기를 하거나 그림을 보여 준다. 2) '나'보다 '우리'라는 단어를 사용한다. 3) 성보다 이름을 부른다. 4) 유머를 활용할 때도 자기를 내세우지 않는다.
행동 지향적	1) 책상에 정리함이 놓여 있다. 2) 벽에 학위 증명서가 걸려 있거나 일과 관련된 사진이 걸려 있다. 3) 책상이 깨끗하다.	1) 힘차게 악수한다. 2) 약간 빠른 속도로 이야기한다.	1) 전하려는 내용이 3가지를 넘지 않는다. 2) 짧게 프레젠테이션을 하거나 바로 본론을 제시한다. 3) 빠르지만 절제된 속도로 말한다.

구 분	사무실(환경적 단서)	개인적 단서	유형별 전략
내용 지향적	1) 책상 위에 서류들이 깔끔하게 쌓여 있다. 2) 책상 근처에 참고서적들이 놓여 있다. 3) 컴퓨터가 항상 켜져 있다.	1) 얼굴 표정이 심각하다. 2) 목소리가 도전적이거나 호전적이다. 3) 이야기를 들으며 자주 위를 쳐다본다.	1) 신뢰성이 있는 자료를 제시한다. 2) 신뢰할 만한 전문가의 말을 인용한다. 3) 차트 외 그래프를 활용한다.
시간 지향적	1) 방 안에 시계가 한 개 이상 있다. 2) 컴퓨터나 시계에 알람 기능을 설정해 때가 되면 울린다.	1) 자주 시계를 본다. 2) 참을성이 없는 표정을 지어 보인다. 3) 시간을 알려 주는 장치를 사용한다.	1) 가능하면 정해진 시간보다 빨리 끝내고자 노력한다. 2) 불필요한 사례나 정보는 삭제한다. 3) 상대방이 대화를 끝내고 싶다는 비언어적 단서를 보내는지 계속 주시한다.

7. 경청을 방해하는 못된 요소들

말을 하는 도중 그만두고 싶을 때가 있지 않나, 상대방의 어떤 면들이 열의에 찬 나의 의지를 꺾었는가? 혹시 나는 그렇게 하지 않았는가? 다음 중 몇 가지나 해당되는지 체크해 보자.

1) 다른 사람이 말할 때 자꾸 끼어든다.

2) 말하는 사람을 쳐다보지 않는다.

3) 자꾸 재촉해서 말하는 상대방에게 시간을 빼앗기고 있다는 죄책감을 들게 한다.

4) 대화보다 다른 것에 흥미를 보인다.

5) 미처 말을 끝내기도 전에 결론을 내린다.

6) 상대 요구에 반응하지 않는다.

7) 마치 마음을 정한 것처럼 "그래, 하지……" 하고 말한다.

8) "그 이야기를 들으니 생각나는데……" 또는 "별것 아니네, 내
   이야기를 좀 들어 봐……" 하는 말로 상대방의 말허리를 잘
   라 버린다.

9) 이전에 이야기한 것을 잊어버린다.

10) 세부적인 것까지 너무 꼬치꼬치 캐묻는다.

11) TV소리처럼 정신을 산만하게 하는 요소를 방치한다.

12) 멀찍이 떨어져 있다.

13) 중요한 이야기인데도 메모를 하지 않는다.

14) 고개를 끄덕이는 등 비언어적 반응이 전혀 없다.

8. 똑똑한 경청을 위한 10가지 노하우

멘토는 상대방인 멘제의 마음을 얻기 위해선 잘 들어 주는 경청
의 지혜가 필요하다. 경청의 놀라운 힘, 그 10가지 노하우를 알아
보자.

1) 경청을 결심하라

폴 랜킨의 측정에 의하면 인간은 깨어 있는 시간의 평균 70%를
커뮤니케이션에 사용한다. 그 가운데 쓰기에 9%, 읽기에 16%, 말
하기에 30%, 듣기에 45%를 할애한다.

가정과 직장에서 '듣기'는 우리의 삶을 변화시킬 수 있는 매우 소
중한 기회다. 이제부터는 타인의 말에 귀를 기울이겠다고 결심하라.

<월든>의 저자 헨리 데이빗 소로우는 이렇게 말했다.

"나는 의식적인 노력으로 자신의 삶을 높이고자 하는 인간의 확실한 능력보다 더 고무적인 사실을 알지 못한다." 경청은 우연히 이루어지는 것이 아니다. 지금 이 순간 결심에서 시작된다.

2) 마음을 비워라

상대방에게 해 주고 싶은 말, 그에 대한 편견과 선입견 등을 모두 버리고 텅 빈 마음으로 상대의 말을 찬찬히 들어 주려는 준비가 필요하다.

성공적 대화의 핵심은 '공감(共感)'인데 내 생각으로 가득 차 있는 상태에서는 공감이 일어나지 않는다. 모든 악기는 속이 텅 비어 있다.

그 빈 공간에 흘러 들어온 음이 완전한 공명을 이루어 아름다운 소리를 내는 것처럼 상대의 말을 있는 그대로 이해하기 위해서는 우선 자신을 비우는 작업을 선행해야 한다.

3) 인정하라

부하 직원이나 배우자, 자녀 등 평소 익숙한 상대방일수록 상대에 대한 고정 관념을 갖기 쉽다.

그래서 한두 마디만 듣고도 속으로 '아, 또 그 얘기!' 하는 식의 반응을 보이기 쉽다. 이는 상대방의 진심어린 마음의 소리를 듣지 못하게 하는 커다란 장애물이다. 상대방을 온전한 인격체로 먼저 인정하는 태도를 갖고, 상대방 내면의 틀 안으로 들어가 그의 소리를 들을 수 있어야 한다.

4) 발견하라

마음을 비우고 귀 기울이면, 상대의 진실을 발견하는 특권을 누리게 된다. 어느 날 들판을 걷거나 숲길을 거닐다가 평소에 들리지 않던 풀벌레 소리, 새소리, 바람 소리가 갑자기 들려오는 경험을 하게 된다.

이처럼 경청은 나 자신과 상대에게 새로운 발견의 기쁨을 선사해 준다.

5) 말하기를 절제하고 끼어들지 마라

우리는 1분 동안 400~500단어를 생각할 수 있는 생각의 속도를 가졌다. 그러나 듣기 속도는 1분당 100단어 내외에 머문다.

4~5배 빠른 생각의 속도는 상대가 말하는 동안, 다음에 내가 할 말을 떠올리게 만들고 그 결과 우리는 말을 자르고 들어가 상대를 좌절시키는 경우가 많다. 판단, 해석, 충고하려는 충동, 탐색 등을 멈추고 진지하게 상대의 말에만 집중하자.

공자는 "말을 배우는 데는 2년밖에 안 걸리지만, 듣기를 배우는 데는 60년이 걸린다."고 했다. 유대 속담에는 "말하는 것은 지식의 영역이고, 듣는 것은 지혜의 영역"이라고 했다.

6) 감정을 살펴라

전문가에 의하면 대화 중단

7%만 언어의 내용에 의해 정보 전달이 이루어진다고 한다.

38%는 말의 억양이나 톤, 음색 등으로 이루어지며,

55%는 비언어적인 메시지, 즉 표정, 눈빛, 다가서기, 물러서기,
제스처 등을 통해 이루어진다고 한다.

상대의 감정을 읽어 내기 위해서는 귀에 들리는 소리뿐 아니라
상대의 전인적인 반응을 예의 주시하며 현재 어떤 감정 상태에 있
는지를 파악하고 그것을 이해했다는 표현을 해 주어야 한다. 이처
럼 감정을 살피려는 노력으로서 경청은 쉬운 일이 아니지만, 놀라
운 보상을 약속하는 법이다.

7) 공감하라

공감이란 상대의 내면으로 파고 들어가 그 사람의 감정 상태로
내가 들어가 보는 것이다. 영어의 '이해한다'는 낮은 자리에 선다
(Under + Stand)는 뜻임을 알 수 있다.

낮은 곳에 먼저 선다는 것이 결코 쉬운 일은 아니지만 먼저 상
대의 감정을 충분히 이해하는 작업, 즉 공감을 이루어 낼 수 있다
면 당신은 이미 경청의 대가가 되어 가고 있는 것이다.

8) 온몸으로 응답하라

경청은 귀로만 하는 것이 아니다. 눈빛으로, 기울이는 몸짓으로,

부지런히 메모하는 손놀림으로, 고개를 적당히 끄덕여 주는 공감 표현으로 상대에게 지속적으로 당신의 반응을 보여주는 것이 곧 경청이다.

9) 상생하라

창조적 공존이 필요한 21세기에는 나의 입장만 주장하는 태도는 어디에서도 환영받지 못할 뿐 아니라 성과를 이루기도 어렵다. 경청의 태도는 21세기형 공존의 지혜다.

사회적 자본의 가장 귀중한 구성 요소는 신뢰인데, 이 신뢰는 바로 커뮤니케이션의 성숙함에서 발생하는 것이다. 경청은 사회적 자본을 구축해 나가는 첫 출발점이라 할 수 있다.

10) 습관화하라

듣기에는 5단계가 있다. 무시하기, 듣는 척하기, 생색내며 듣기, 기술적 듣기, 그리고 마지막으로 인격적인 경청이다. 진정한 의미의 경청은 테크닉으로 이루어지는 것이 결코 아니다. 바로 우리의 인격에 상대를 존경하고 배려하는 태도가 자리 잡을 때 비로소 가능한 일이다.

9. 경청 스킬 사례

* 부정적인 경청 사례

멘토: "요즘은 어떤가?"

멘제: "네, 며칠 야근했더니, 좀 체력이 달리네요."

멘토: "내가 묻고 싶은 것은 그런 게 아니라, 자네 영업 활동이 어떻게 돌아가고 있는지를 묻고 있는 걸세."

멘제: "아, 예. 글쎄요. 그것도 그럭저럭 그러네요."

멘토: "그럭저럭 그렇다니? 그건 무슨 뜻인가?"

멘제: "네, 이리 뛰고 저리 뛰고 노력하는 데 비해 고객의 반응이 영 신통치 않은 것 같아서……."

멘토: "이리 뛰고 저리 뛰고 노력한다고? 구체적으로 뭘 하고 있는데?"

멘제: "저, 그게 말이죠. 지금까지 저희 상품을 구입한 고객들에게 세일소식을 전하는 엽서를 보내기도 하고……."

멘토: "뭐야, 고작 그런 걸 갖고 노력한다고? 그건 다른 세일즈맨들도 하고 있는 거잖아? 좀 더 기발하고 참신한 아이디어가 없냐 말이야?"

멘제: "그렇지만 야근 수당도 없는 상태에서 매일같이 야근이 계속되니까?"

멘토: "야근? 남아서 자네는 뭘 하는데?"

멘제: "그러니까 고객들에게 안내 엽서를 발송할 때도 있고요……."

멘토: "엽서는 조금 전에 들었네. 그리고 그런 일 가지고 굳이 야근할 필요가 있을까?"

멘제: "하지만 요즘 같은 불황 때 한 장 한 장 정성스럽게 쓰는 쪽이 고객에게 좋은 인상을 줄 것 같아서요……."

멘토: "그건 그렇지만, 낮 시간을 잘 활용하는 방법이 좋지 않을까?"

멘제: "네, 하지만 낮에 보다 효과적으로 고객과 접촉하려면, 그런 정성이 담긴 엽서 쓰기도 중요할 것 같은데요……."

멘토: "그래? 뭐든지 좋지만 좀 더 머리를 짜내서 영업 실적을 올릴 수 있도록 분발하게나."

멘제: "예."

* 긍정적인 경청 사례

멘토: "요즘 어떤가?"

멘제: "네, 며칠 야근했더니. 좀 체력이 달리네요."

멘토: "그런가? 그럼 그 문제를 해결할 만한 대책은 생각해 둔 게 있나?"

멘제: "글쎄요, 뭐 달리 대책이라고 말씀드릴 만한 것은 아직……."

멘토: "그럼 그 점에 대하여 허심탄회하게 얘기해 볼까?"

멘제: "네, 잘 부탁드립니다."

멘토: "그래, 자네는 어떻게 하고 싶은가?"

멘제: "물론, 솔직한 심정으로 야근을 줄이고 집에서 느긋하게 휴식을 취하고 싶지만……."

멘토: "그래. 그럼 어느 정도 야근이 줄면 집에서 느긋하게 쉴 수 있겠는가?"

멘제: "글쎄요. 한 시간만 빨리 퇴근할 수 있어도 굉장히 다를 것 같은데요."

멘토: "그래. 그럼, 한 시간 빨리 퇴근하기 위해 자네가 할 수 있는 일은 어떤 것이 있을까?"

멘제: "지금은 저희 상품을 구입한 고객에게 손으로 직접 쓴 안내 엽서를 발송하고 있지만 그것을 워드프로세스로 처리한다면……."

멘토: "그래. 좋아. 워드프로세스로 문서 작성하기. 그럼. 그렇게 하면 '매일 한 시간 빨리 퇴근한다.'는 자네 목표는 달성할 수 있겠나?"

멘제: "네, 하지만 요즘 같은 불황에 한 장 한 장 정성스럽게 손으로 직접 쓰는 쪽이 고객에게 좋은 인상을 줄 것 같아서……."

멘토: "그러면 결국 고객에게 좋은 인상을 주는 안내 엽서를 빨리 작성하면 된다는 것이구먼."

멘제: "네, 바로 그거죠."

멘토: "뭔가 좋은 방법이 있을 텐데?"

멘제: "글쎄요, 그러고 보니까 굳이 전부 손으로 작성할 필요는 없을 것 같습니다. 어떤 고객에게나 공통되는 부분은 워드로 치고 개별 부분은 손으로 작성한다면 한 시간 빨리 퇴근할 수 있을 것 같기도 한데요."

◀ 경청의 정리

양자의 가장 큰 차이는 멘토의 척도가 개입되어 있는지 그렇지 않은지가 아닐까? 부정적 질문에서는 멘토의 질책성 발언을, 긍정적인 면에서는 멘토가 진정으로 경청해 주고 있다는 인상을 받을 것이다.

구분	자기진단 설문 항목	평 가				
		5	4	3	2	1
표현력	26) 자신의 의견을 상대에게 정확하게 전달할 수 있다.					
	27) 회의 등에서 많은 사람이 알 수 있도록 이야기할 수 있다.					
	28) 이해하기 어려운 부분은 다른 표현으로 다시 말할 수 있다.					
	29) 사실을 숫자에 근거하여 논리적으로 설명할 수 있다.					
	30) 일러스트나 차트, 그래프로 효과적인 설명을 할 수 있다.					
정보공유 가공활용	31) 상사·부하와의 공유를 위해 마음을 다해 애쓰고 있다.					
	32) 입수한 정보를 가공해 자신의 정보를 만들고 있다.					
	33) 정보 메모나 노트를 활용하고 있다.					
	34) 정보의 정리와 관리에 PC를 활용하고 있다.					
	35) 정보를 항목별로 분류해 보관하고 있다.					
수용성 변화대응	36) 새로운 것에 민감하다.					
	37) 잘 이해할 수 없는 발언이나 의견은 질문해 확인한다.					
	38) 엉뚱한 의견일지라도 무시하지 않는다.					
	39) 다른 사람들의 의견을 받아들여 자신의 생각을 수정하고 있다.					
	40) 상대의 의견을 소중히 한다.					
종류의 다양성	41) 문서와 회의만으로는 커뮤니케이션이 충분치 않다.					
	42) 브레인스토밍을 실시하는 일이 있다.					
	43) 부하 직원 한 사람 한 사람과 개별적으로 대화하고 있다.					
	44) 정보의 전달이나 수집에 PC를 활용하고 있다.					
	45) 점심시간이나 퇴근 후에 커뮤니케이션을 취하고 있다.					
회의 대응	46) 회의를 스스로 진행해 나갈 수 있다.					
	47) 회의록을 작성할 수 있다.					
	48) 회의에서는 상황을 판단해 발언한다.					
	49) 스스로 회의를 소집하는 일이 있다.					
	50) 회의는 중요한 정보원이다.					
	계( )점					

소통 촉진 기술
Communication Skill

1. 효과적인 커뮤니케이션

의사소통(Communication)을 효과적으로 할 수 있는 능력은 조직 구성원들에게 요구되는 가장 중요한 사항이다.

모든 조직활동은 커뮤니케이션 없이는 생각할 수가 없는 것이다. 다른 사람들과 어떻게 하면 효과적으로 협력관계를 조성하여 유지해 나가느냐가 성공의 관건이다.

커뮤니케이션의 기본은 신뢰(Trust)를 쌓아 올리는 데 있다. 신뢰를 쌓으려면 당신이 상대방의 욕구(Needs)를 옳게 이해하여, 그 욕구에 부응하는 방법으로 접근해야만 한다.

타인소개 Workshop ①
당신은 누구인가?

바로 옆에 앉은 사람에게 다음 사항을 인터뷰하여 주십시오(인터뷰 시간 3분). 그리고 그 사람을 참가자 전원에게 소개하는 시간을 갖도록 하겠습니다.

(1) 이름:

(2) 직함(업무):

(3) 업무 중 제일 좋아하는 일:

(4) 업무 중 제일 싫어하는 일:

(5) 자기의 장점:

(6) 자기의 단점:

(7) 어떤 유형의 사람과 커뮤니케이션(의사소통)이 가장 어려운가?

(8) 또는 쉬운가?

(9) 기타(취미, 출신지 등)

1) 커뮤니케이션의 6가지 목적

(1) 서로 커뮤니케이션을 어떻게 유지하면 인간관계가 효과적인
가를 연구한다.
(2) 다양한 요구에 따른 유연성 있는 행동을 바르게 인식하기 위
한 효과적인 과정인 방법을 익힌다.
(3) 다른 사람들이 나를 어떻게 인식하고 있는가를 탐구한다.
(4) 교섭과정을 통해 상대방에 대한 나의 행동을 변화시키는 기
술을 한다.
(5) 배운 사항(기법)을 현실(조직 및 사회)에 적용해 본다.
(6) 이 프로그램을 통해서 배운 기술을 계속 사용해 나갈 계획을
수립한다.

2) 커뮤니케이션의 5가지 중요성

(1) 커뮤니케이션은 조직활동을 영위해 나가는 데 순환계통과 같
은 주요 기능을 하고 있다.
(2) 성공적인 커뮤니케이션은 개인 및 부서 간의 협조, 협동체제
확립에 불가결한 요소이다.
(3) 커뮤니케이션은 피드백, 목표설정, 동기부여, 지도, 평가 등
관리자의 모든 행위에 필수적인 요소이다.
(4) 영업사원에게 고객과 훌륭한 인간관계를 유지하거나, 상품과
서비스를 구입하게 하기 위해서 효과적인 커뮤니케이션에 기
초한 대인관계 능력이 요구된다.

(5) 조직구성원에게는 팀의 일원으로서 일을 하기 위해서나, 상사
    나 선배, 동료와 훌륭한 인간관계를 유지하기 위해 커뮤니케
    이션의 성공이 매우 중요하다.

3) 신뢰성에 대하여

(1) 상호 신뢰

신뢰 조성은 효과적인 커뮤니케이션의 기본 구조가 된다. 대인관
계능력의 최종적인 목표는 상호 도움을 주는 관계를 성립시키는
것이다.

* 상호 신뢰 명상

사람과 사람 사이 모여서 사회 공동생활을 할 때에 가장 근본이
되는 도덕은 서로 신의를 지키는 일입니다. 신의란 서로 속이지 않
는 것입니다. 개인의 사회적 공신력이 없을 때 살아갈 수 없고, 민
족이 구체적 공신력을 상실할 때 부강한 번영을 쟁취하기 힘듭니다.

무신불립(無信不立)은 옛날이나 지금이나 동양이나 서양을 막론
하고 인간 사회의 영원한 진리입니다. 무신불립은 한국인의 확고부
동한 생활신조가 되어야 합니다. 현대사회는 자유로운 계약사회입
니다.

서로 믿지 못하고 서로 약속을 지키지 아니할 때 계약사회는 무
너지고 맙니다. 대인관계에서 불신(不信)처럼 불행하고 불안한 것
이 없습니다. 상하관계건, 동료관계건, 나와 너 사이에 있어야 할
가장 기본적 질서와 가장 근원적 원리가 신의(信義)입니다.

신의는 서로 속이지 않는 것이요, 상호 신뢰하는 것이요, 서로

믿는 것입니다. 믿을 수 있으려면 속이지 않아야 합니다. 진실하고 정직해야 믿을 수 있습니다. 믿으면 뭉칠 수 있습니다. 뭉치면 힘이 생깁니다. 힘이 생기면 번영할 수 있고 부강할 수 있습니다.

그러므로 힘의 근본은 신의입니다. 서로 믿지 못할 때 우리는 불안하고 불행합니다. 세상에 불신처럼 무서운 것이 없습니다.

서로 불신하는 인간관계는 절대로 행복할 수 없습니다. 부부간에 서로 믿지 못하고 부자와 모녀간에 불신이 깔려 있고, 형제자매끼리 서로 믿지 못할 때 그 가정이 어떻게 행복할 수 있으며, 어떻게 단란할 수 있겠습니까?

멘토링에서 신의는 멘토와 멘제를 한마음으로 묶어 주는 것입니다. 그리고 신의를 지키는 것은 인간이 마땅히 걸어가야 할 길입니다.

(2) 페르소나 신뢰 모델

※ 페르소나: 미국의 Persona Awareness System社가 개발한 새로운 커뮤니케이션 기법

커뮤니케이션 능력이란 자기 자신과 남을 잘 이해하여 생산적인 인간관계를 구축해 가는 능력이라 할 수 있다. 교섭의 경우에는 우리가 상대방의 교섭으로 목표를 향해 잘 나아가고 있는가 또는 궤도를 벗어나고 있는가를 예리하게 통찰하는 능력이며, 목표를 향해 궤도 수정에 필요한 기술을 갖춤을 뜻한다.

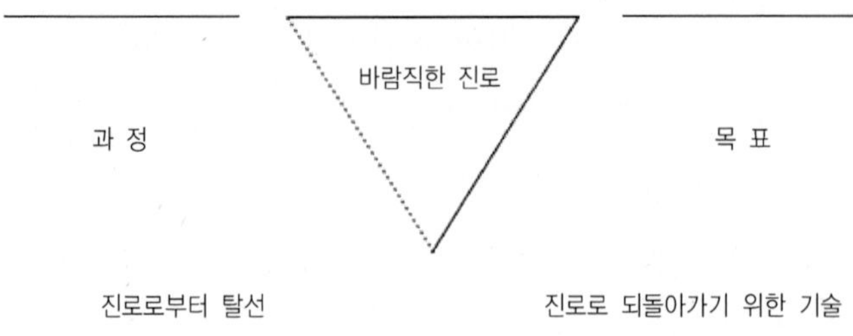

여러 가지 요소(이를테면 신뢰감, 성의, 노력 등)가 대인관계에 커다란 영향을 미친다. 페르소나에서는 커뮤니케이션의 제반 요인들을 연구한 결과, 모두가 신뢰(Trust)라는 범주에 들어감을 확인하였다. 판매, 관리 또는 감독 등 대인관계를 유지해 나갈 필요가 있을 경우, 그 결과가 좋고 나쁨은 교섭당사자 간에 존재하는 '신뢰감'에 의해서 좌우된다고 할 수 있다.

팀 활동의 경우에도 마찬가지이다. 바람직한 팀구성원의 행동은 상호간에 신뢰를 조성한다. 그 사람은 다른 구성원이 무엇을 생각하며, 무엇을 하려 하는가를 늘 파악하려 한다. 그들은 기대되는 성과를 달성하기 위해 서로 일하는 방법을 무의식에 가까울 정도로 신뢰한다.

당신이 특히 강한 신뢰관계를 갖고 있는 (예를 들어 의사, 변호사, 은행원, 교사 등) 사람들에 관해 생각해 보자. 어째서 당신은 그들을 활용하고 있는가? 아마도 당신이 그들을 신뢰하고 있기 때문일 것이다. 예를 들면 당신은 생명보험증권 내용을 일일이 읽어본다든가, 의과대학을 우수한 성적으로 졸업했는가의 여부를 일일이 체크하지 않는다.

왜냐하면 그들을 신뢰하고 있기 때문이다. 이와 마찬가지로 실제적인 대인관계에 있어서도 똑같은 이치가 적용될 수 있다. 다른 사람들과 좀 더 효과적으로 접촉하고 바라는 결과를 얻기 위해서는 신뢰구축 능력을 향상시켜야 한다.

신뢰를 쌓으려면 그 과정이 중요하다. 앞 페이지의 페르소나 신뢰 모델을 보기로 하자. 만약 당신이 신뢰를 쌓는 데에 성공했다면 상대방은 당신을 문제 해결자로 볼 것이다. 문제 해결자로 상대방이 인정했다면 당신에게 호감을 갖거나, 당신의 말에 귀를 기울이며, 당신이 판매사원이라면 당신으로부터 제품이나 서비스를 구입하려 할 것이다.

이처럼 당신이 상대방으로부터 문제 해결자로 인정받았다면, 당신은 매사를 긍정적으로 변화시켜 나가는 사람으로 여겨질 것이다. 즉 단지 변화 추구자로서뿐만 아니라 적극적이며 긍정적인 사람으로서도 받아들여진다. 그렇게 되면 고객이나 부하는 당신이 나타내는 변화(위험부담이나 우선순위 변경)를 기꺼이 받아들이게 될 것이다.

당신이 신뢰를 쌓는 데에 성공했다면 당신은 상대방의 욕구를 충족시킬 수 있는 사람으로도 인정될 것이다. 페르소나에서는 가능성을 성취시키기 위해 당사자가 서로 협력하여 행동하고 있거나, 사람들의 욕구가 동시에 만족될 수 있을 때 커뮤니케이션에 동기가 부여된다고 믿는다.

앞 페이지의 모델을 통하여 개인상황을 보고 신뢰 조성자(Trust Builder)가 어떤 사람인가를 생각해 보자. 사람과 사람이 신뢰를 쌓아 올리는 유일한 방법은 그 사람의 행동 — 우리들 각자가 하는 일과 언어 등 우리들의 행동이 관찰될 수 있는 부분 — 을 통해서만 가능하다.

그림에서 나타난 빙산처럼, 우리는 수면 위에 보이는 10%의 행동밖에 볼 수가 없다. 그러나 우리는 그 사람에 대해 그 사람이 행동하거나 말하는 것 이외에도 많은 사실을 알고 싶어 한다.

우리들은 자기 자신이 느끼는 것, 생각하고 있는 것은 알지만, 다른 사람이 어떻게 느끼고 생각하는가는 모른다. 어느 누구도 다른 사람의 감정이나 생각이 밖으로 드러나지 않으면 알 수 없다. 이는 각자의 내면문제이며 제삼자에 의해 체험될 수 없기 때문이다. 즉 우리는 상대방의 내면에 숨어 있는 90%는 볼 수가 없다.

그러나 상대방의 생각이나 기분은 모른다 해도, 그 사람의 기분이나 생각이 가치의 우선순위에 나온다는 사실을 배웠다.

우리는 생각이나 기분과 마찬가지로 개개인의 가치의 우선순위를 간단히 알 수는 없다. 거의 모든 이러한 가치체계가 존재함은 확실하다.

우리는 개개인의 가치의 우선순위, 기분, 사고, 행동이 결국은 그 사람의 욕구에 의거하고 있는 것만은 알 수 있다. 그 사람의 욕구에 의해 어떻게 인간의 행동이 결정되는 것일까?

페르소나 커뮤니케이션 프로그램에서 의도하는 것은 사람들이 갖는 기본적인 욕구가 비즈니스나 일상생활 중에서 행동에 갖가지 영향을 주고 있음을 실증하는 일이다.

그 기본적인 욕구는 '칭찬', '안전', '용납', '성취' 등 4가지가 된다. 상대방에 대한 행위가 그 사람의 기본적인 욕구에 연결된 것이라면, 그 행위를 통해 신뢰를 쌓을 수 있다. 우리는 개개인의 특유한 욕구에 대응할 수 있다. 우리가 상대방과 거래하고자 할 때의 욕구는 아마도 가장 효과적, 생산적으로 자기의 목표를 달성했으면 하는 것일 것이다.

즉 자기와 상대방의 욕구를 만족시키는 것이다. 사실 우리는 자기욕구를 충족시키며 동시에 상대방의 욕구를 충족시킴으로써 양자 간에 가장 좋은 결과를 가져오게 할 수 있다.

'자기도, 상대방도 모두가 만족하는 상황'을 이루는 것이다. 신뢰 모델(Trust Model)을 활용하는 이점은 무엇일까. 자기와 상대방이 서로 깊이 알게 된다는 중요한 목적이 달성될 뿐 아니라, 상대방과 교섭할 때 자신감을 갖게 하거나, 다른 사람과의 관계를 쉽게 조정하고, 양자 간에 성취감을 주거나, 자긍심을 높여 다른 사람에게 견실하게 접근하는 기술을 몸에 익히게 하는 것 등이다.

4) 공감성에 대하여

(1) 공감성을 높이는 기술

① 상대방의 이야기를 적극적으로 경청한다.

상대방의 이야기를 경청함으로써 상대방의 입장에서 생각하고 느끼고 있음을 전달할 수 있다.

② 비판적, 충고적 태도를 버린다.

비판이나 충고는 상대방에게 '설복'당할 것을 요구하는 것처럼 느껴져, 방어적인 자세(defensiveness)를 취하도록 만들어 버린다.

③ 상대방이 말하는 의미 전체를 듣는다.

말하는 것에는 내용과 그 밑에 흐르는 기분 등 두 가지가 있다.

말에만 사로잡히지 말고, 기분을 이해하도록 유의한다.

④ 상대방에게 기분을 전달하는 데는 신체언어(body language)를
활용한다.

고개를 끄덕이거나, 맞장구치거나, 상대방의 눈을 바라보고 이야
기하는 등 목소리, 억양, 눈동자의 움직임, 감정, 손 움직임을 효과
적으로 구사한다.

⑤ 감정을 억제한다.

감정을 높이는 것은 공감을 이루는 가장 나쁜 적이라고 생각하
고, 감정이 고양되면 이야기를 피한다.

⑥ 피드백을 한다.

상대방이 말하는 것을 자기의 말로 고쳐 보고 확인한다.

⑦ 솔직하면서도 알기 쉬운 말씨를 구사한다.

복선을 깔지 않는 솔직한 말씨나 부드럽고 알기 쉬운 말씨는 그
기분이 쉽게 전달된다.

⑧ 상대방의 의견에 찬동한다.

상대방의 의견을 적극적으로 받아들여 찬동을 표명한다.

⑨ 애매한 점에 관용을 베푼다.

매사에는 애매한 면이 많다. 상대방의 애매한 점에 관용을 베풀
어야 한다.

(2) 공감을 높이는 커뮤니케이션의 종류

① 평가적 커뮤니케이션

상대방이 한 발언에 대해 좋은가, 나쁜가, 적절한가, 효과적인가
의 여부를 판단해 주는 말씨로 이야기하는 것이다.

② 해석적 커뮤니케이션

상대방의 발언을 자기 나름대로 해석하여 상대방과 이야기하는 것, 즉 의미를 설명하는 것이 중심이 된다.

③ 탐색적 커뮤니케이션

상대방이 말하려는 내용을 좀 더 알고 싶다거나, 깊이 알고자 파고들어 경청해 나가는 화법을 뜻하는 것이다.

④ 지지적 커뮤니케이션

상대방의 기분이나 생각을 지지하여 불안감이나 공포감을 완화시키는 화법을 뜻한다.

⑤ 이해적 커뮤니케이션

상대방의 생각이나 감정을 올바로 이해하여 수용하고 있음을 뜻한다.

5) 경청에 대하여

(1) 경청을 위한 지침

① 상대방의 관심영역을 발견한다.

② 말투가 아니라 내용을 판단한다.

③ 평가를 서둘러 내리지 않는다.

④ 상대방의 말보다 생각을 듣는다.

⑤ 유연해야 한다.

⑥ 적극적으로 듣는다.

⑦ 주의를 집중한다.

⑧ 마음을 활짝 연다.

⑨ 생각하는 속도를 조절한다.

(2) 경청기술 향상 체크 포인트

① 들음으로써 자기 성장이 꾀해진다고 생각한다.

② 상대방의 페이스에 자기를 맞춘다.

③ 상대방이 말하려는 의미 전체를 이해하도록 힘쓴다.

④ 상대방이 하는 말에 집중이 안 될 때에는 자기 자신의 듣는
자세를 되돌아본다.

⑤ 눈으로 이야기를 듣는 습관을 붙인다.

⑥ 상대방이 앞으로 할 이야기를 예측해 가면서 듣는다.

⑦ 상대방의 버릇에 신경을 쓰지 않도록 한다.

⑧ 도중에 상대방이 말하고 있는 내용을 마음속으로 정리해 본다.

⑨ 고정관념이나 편견을 갖고 듣지 않도록 한다.

⑩ 상대방이 말하고 있는 타당성, 정확성 등을 생각하면서 듣는다.

⑪ 부분적인 것에 사로잡히지 않도록 한다.

⑫ 상대방이 말하는 것을 끝까지 듣는다.

⑬ 감정적인 태도로 듣지 않도록 한다.

⑭ 상대방의 이야기가 이해되지 않을 때는 솔직하게 다시 물어
본다.

6) 유연성에 대하여

(1) 유연성이란?

유연성은 당신이 신뢰를 받게 되거나, 다른 사람의 승인을 받거
나 하는 데 매우 중요하다. 유연성을 통하여 다른 인간유형에 대해
당신의 의견과 업무에 대해 이야기할 때 안심하게 하여 마음을 편

하게 할 수 있으므로, 신뢰와 승인을 얻을 수 있는 것이다.

유연성을 높임으로써 탁월한 방법으로 상대방에 연관된 당신의 형상을 찾아낼 수 있을 것이다. 이러한 성장과정은 당신의 일의 성과에도 관련된 것이며, 성취감이나 일할 의욕을 느낄 수 있고, 성숙한 사회생활을 영위할 수 있을 것이다.

(2) 유연성에 대한 자기인식

아래 내용을 생각해 보고 당신이 어디에 속할 수 있는지 X표 하시오.

<table>
<tr><td>1</td><td>2</td><td>3</td><td>4</td></tr>
</table>

① 비협조적인   협조적인

② 무딘(퉁명스러운)   적절한

③ 가식적인   진실한

④ 고정된   변경 가능한

⑤ 산만한   분명한(뚜렷이 구분되는)

⑥ 의지할 수 없는   의지할 수 있는

⑦ 보기 흉한   우아한

⑧ 게으른   부지런한

⑨ 자기 지향적   타인 지향적

⑩ 너절한   질서 있는

⑪ 정중하지 못한   정중한

<table>
<tr><td></td><td>1</td><td>2</td><td>3</td><td>4</td></tr>
<tr><td>합계</td><td></td><td></td><td></td><td></td></tr>
</table>

2. 상호간 성공적인 마음가짐

▶ 효과적인 커뮤니케이션에 있어서 가장 중요한 요소가 있다. 바로 멘토의 마음가짐이다. 예를 들어 멘토가 일방적으로 멘제에게 '지금부터 나는 너의 멘토가 될 것이다. 자, 한번 시작해 볼까?'라는 자세로 덤빈다면 결코 성공적으로 멘토링을 수행할 수 없다. 최대한 멘제에게 친숙하게 다가가고, 멘제의 경력이나 실력 향상을 위해 진지하게 고민하는 모습을 보여주어야만 성공적으로 멘토링을 이끌 수 있는 것이다.

그렇다면 성공적인 멘토링을 위한 마음가짐이란 무엇을 말하는 것일까?

1) 서로에 대한 신뢰와 몰입

서로에 대한 신뢰라는 것은 멘토와 멘제가 얼마나 많은 시간을 함께했는지에 따라 달라진다.

즉 멘토와 멘제가 많은 시간을 함께할수록 서로에 대한 정보가 쌓여 그만큼 두터운 신뢰가 쌓이는 것이다.

그렇다면 몰입이라는 것은 무엇일까? 쉽게 말하면 멘제가 언제 어디서든 멘토의 도움을 받을 수 있도록 하는 것이다. 즉 멘토에 대한 멘제의 접근 가능성이 어느 정도인지가 바로 멘토링에 있어서 '몰입'에 해당한다.

멘토링은 시간을 정해 놓고 이루어지는 활동이 아니다. 멘토에게 도움이 필요한 시간이 아침이 될 수도 있고, 저녁이 될 수도 있는 것이다. 그 시기가 언제가 되든 멘토는 멘제에게 적절한 도움을 제공할 수 있어야 한다. 물론 멘토가 자신의 업무를 제쳐 두고 대부분의 시간을 멘제에게 할애할 수는 없으며 그러한 행동이 바람직한 멘토의 모습이라고 할 수도 없다. 여기서 말하고자 하는 핵심은 실제로 그만한 시간을 투자하라는 것이 아니라 언제든지 멘제에게 몰입할 수 있는 여건과 시간적 여유를 만들겠다는 의지를 가지고 있어야 한다는 것으로 받아들이면 될 것이다.

2) 인내심

멘토링 활동에 있어서 인내심만큼 중요한 것도 없다. 일단 멘토와 멘제 간에 신뢰감과 몰입이 이루어지면, 이를 지속적으로 유지하기 위해 끊임없이 인내심을 발휘해야 한다.

멘토링 초기에 멘제의 적극적인 활동을 이끌어 낸다는 것은 매우 힘든 작업이다.

이때 멘토가 요구하는 방향으로 멘제가 따라와 주지 않는다고 화를 내거나 한다면 힘들게 쌓은 신뢰와 몰입이 한 번에 무너질 위험이 있다. 따라서 모든 변화는 서서히 이루어지는 것이라는 마음가짐으로 멘제가 제 궤도에 오를 때까지 인내심을 가지고 기다려 줘야 한다.

또한 사람마다 성향이 다르듯이 배우는 속도에도 분명한 차이가 있다는 점을 이해해야 한다. 즉 어떤 사람은 빨리 배우는 소질이 있는 반면, 어떤 사람은 배우는 속도는 느리지만 확실한 것을 추구하는 사람도 있는 것이다. 따라서 멘토는 멘제의 학습능력을 충분히 이해하고 그에 맞는 적절한 멘토링 방법을 적용해야 한다. 다시 한 번 강조하지만 멘토링은 결코 서두른다고 되는 문제가 아니다.

멘토뿐만 아니라 멘제에게도 이러한 인내심이 필요하다. 소위 'N세대'라 불리는 요즘 세대들은 인내심이 부족한 경우가 많은 것이 사실이다. 또한 쉽게 싫증을 내며 항상 새로운 것을 찾는 성향이 강하다. 그런데 문제는 이러한 성향이 인간관계에서도 드러난다는 것이다. 예를 들어 요즘 젊은이들은 사람들을 쉽게 만나고 쉽게 헤어지며, 자신이 하고 싶은 말을 마음에 담아 두지 못하는 경향을 가지고 있다. 물론 자신의 생각을 솔직하게 밝힌다는 점은 멘토링에 있어 긍정적으로 작용할 수도 있지만 그것이 상호 신뢰 관계를 훼손할 정도로 지나치다면 멘토링 관계에 부정적인 영향을 미치게 된다.

3) 자기감정의 통제

멘토링 관계에서 멘토나 멘제는 모두 자신의 감정을 적절히 통제할 수 있어야 한다. 물론 사람은 감정의 동물이기 때문에 자신의 감정을 마음대로 통제한다는 것이 쉽지는 않을 것이다.

직장에서도 상사가 자신의 감정을 통제하지 못해 부하 직원들이 매일같이 상사의 눈치를 보아야 하는 경우가 많이 발생한다. 이로 인해 자신의 의견을 밝히지도 못할뿐더러, 심지어는 반드시 해야 할 결제나 보고를 망설이는 경우도 있다.

멘토링 관계에서도 이러한 문제가 발생할 수 있다. 즉 멘토가 지나치게 자신의 감정을 있는 그대로 드러낼 경우 멘제가 엄청난 부담감을 느낄 수밖에 없는 것이다.

4) 적절한 피드백

멘토링에 있어서 '피드백'은 멘토의 가장 중요한 역할 중의 하나이다. 멘제가 수행하는 프로젝트나 과제에 대해 잘한 점과 좀 더 개선이 필요한 부분을 명확히 알려 주어야 향후 좀 더 나은 방향으로 개선할 수 있기 때문이다. 그렇다면 이러한 피드백이 제도로 이루어지기 위해서는 어떠한 요건을 갖추어야 할까?

첫째, 피드백 목적에 대해 멘제와 합의를 해야 한다. 피드백의 목적이 멘제에 대한 평가나 보상보다는 멘제의 실력 개발에 있음을 명확히 전달해야 한다.

즉 멘제에게 개발이 필요한 부분이 어디인지, 이러한 피드백이 장차 경력개발에 어떠한 도움을 주는지 등에 대한 구체적인 설명과 합의가 필요하다.

둘째, 실제 행동으로 옮길 수 있는 구체적이고 실질적인 피드백을 제공해야 한다. 단순히 멘토링 결과에 대한 느낌이나 전반적인 분위기만을 전달하면 멘제가 구체적인 행동을 취하기가 어렵기 때문이다.

셋째, 피드백 결과에 대한 모니터링이 필요하다. 피드백이 일회성에 그쳐서는 안 되며, 지속적으로 멘제의 개발과정이나 실천 정도를 모니터링하겠다는 멘토의 강한 의지가 피드백 안에 담겨 있어야 한다. 멘토가 이러한 의지를 보일 때 멘제도 자기개발활동에 열정을 가지고 몰입할 수 있다.

멘토는 멘토링 결과에 대해 다음 도표와 같이 두 가지 방식의 피드백을 동시에 시행해야 한다.

첫째, 태도나 사기, 회사생활 방식 등 구체적인 지표나 결과를 산출하기 어려운 주관적 피드백이 있어야 한다.

둘째, 업무성과 등 구체적인 결과에 대한 객관적 피드백이 있어야 한다.

물론 멘토링 과정이 끝난 후 멘제에 대한 최종적인 평가는 객관적 성과가 중심이 되겠지만 그러한 성과가 나오기까지의 과정도 무시할 수 없다는 점에서 주관적·객관적 피드백이 동시에 이루어져야 한다.

3. 커뮤니케이션 자기진단 테스트

1점＝전혀 그렇지 않다 2점＝드물게 3점＝보통 4점＝가끔 그렇다 5점＝매우 그렇다

구분	자기진단 설문 항목	평 가				
		5	4	3	2	1
이해력 감수성	1) 상대가 말하는 것을 언제라도 올바르게 이해할 수 있다.					
	2) 자신이 말했던 것이 상대에게 이해되었는지 알 수 있다.					
	3) 상대의 기분을 파악할 수 있는 자신이 있다.					
	4) 안색으로 본심이나 납득 여부를 판별할 수 있다.					
	5) 그 자리의 분위기를 민감하게 알아챌 수 있다.					
경청 능력	6) 상대가 말하는 것에 진지하게 귀를 기울인다.					
	7) 부하에게 자주 질문하고 있다.					
	8) 상대의 이야기에 곧바로 반론하지 않는다.					
	9) 자신의 의견을 억누를 필요가 없다.					
	10) 상사의 생각을 이해하고 있다.					
수신 능력	11) 자신만 모르고 있었던 적은 거의 없다.					
	12) 소중한 정보는 항상 맨 먼저 귀에 들어온다.					
	13) 현장의 정보나 숨은 정보도 파악하고 있다.					
	14) 싫은 정보도 파악하고 있다.					
	15) 싫은 정보도 미소 지으며 (들)을 수 있다.					
정보원	16) 인적 정보원을 사내·외에 많이 가지고 있다.					
	17) 활자·영상의 정보원을 많이 가지고 있다.					
	18) 정보의 채널을 구축하고 있다.					
	19) 사외의 브레인적 존재(상담 상대·선생님 등)가 있다.					
	20) 인터넷으로 정보를 입수하고 있다.					
전달력	21) 입수한 지식·정보를 곧 동료에게 전한다.					
	22) 소중한 것은 반복적으로 전해 침투시키고 있다.					
	23) 부하에게 세세하게 정보를 전한다.					
	24) 부하에게 스스로 말을 걸고 있다.					
	25) 상사에게 필요한 정보를 그때그때 묻는 편이다.					
계( )점						

구분	자기진단 설문 항목	평가				
		5	4	3	2	1
표현력	26) 자신의 의견을 상대에게 정확하게 전달할 수 있다.					
	27) 회의 등에서 많은 사람이 알 수 있도록 이야기할 수 있다.					
	28) 이해하기 어려운 부분은 다른 표현으로 다시 말할 수 있다.					
	29) 사실을 숫자에 근거하여 논리적으로 설명할 수 있다.					
	30) 일러스트나 차트, 그래프로 효과적인 설명을 할 수 있다.					
정보 공유 가공 활용	31) 상사·부하와의 공유를 위해 마음을 다해 애쓰고 있다.					
	32) 입수한 정보를 가공해 자신의 정보를 만들고 있다.					
	33) 정보 메모나 노트를 활용하고 있다.					
	34) 정보의 정리와 관리에 PC를 활용하고 있다.					
	35) 정보를 항목별로 분류해 보관하고 있다.					
수용성 변화 대응	36) 새로운 것에 민감하다.					
	37) 잘 이해할 수 없는 발언이나 의견은 질문해 확인한다.					
	38) 엉뚱한 의견일지라도 무시하지 않는다.					
	39) 다른 사람들의 의견을 받아들여 자신의 생각을 수정하고 있다.					
	40) 상대의 의견을 소중히 한다.					
종류의 다양성	41) 문서와 회의만으로는 커뮤니케이션이 충분치 않다.					
	42) 브레인스토밍을 실시하는 일이 있다.					
	43) 부하 직원 한 사람 한 사람과 개별적으로 대화하고 있다.					
	44) 정보의 전달이나 수집에 PC를 활용하고 있다.					
	45) 점심시간이나 퇴근 후에 커뮤니케이션을 취하고 있다.					
회의 대응	46) 회의를 스스로 진행해 나갈 수 있다.					
	47) 회의록을 작성할 수 있다.					
	48) 회의에서는 상황을 판단해 발언한다.					
	49) 스스로 회의를 소집하는 일이 있다.					
	50) 회의는 중요한 정보원이다.					
계( )점						

상담 개발 기술
Counseling Skill

1. 멘토링 상담학습 사례

1) 멘토링 Tutorial System 상담학습

멘토링은 전인교육 방법이다. 아니 교육이라기보다는 둘이서 삶을 나누는 것이 정답이다. 멘토링에서는 교육자나 경영자나 목회자이기 이전에 먼저 인격자로서 성숙을 원하는 것이다.

멘토링의 내용(Contents)은 지(知), 정(情), 의(意) 서비스, 인격적으로 멘토가 멘제에게 자신의 역량을 최대한 베푸는 삶이라고 볼 수 있다. 그러한 근거는 멘토링의 유래에서 스승인 멘토(Mentor)가 왕자 텔레마쿠스와 20년 동안 함께한 생활 교육에서 찾아볼 수 있다. 바로 그 당시 교재로 사용했던 수학, 철학, 논리학이 무엇을 의미하는지 깊은 통찰이 있어야 한다. 수학=知, 철학=情, 논리학=意의 등식? 인격을 이해하는 데서부터 멘토링 학습은 출발한다.

참고로 멘토(Mentor)가 텔레마쿠스 왕자를 위해 특이한 일대일 Tutorial System 상담학습 방법을 아래와 같이 열거한다.

- 멘토는 왕자와 대화식으로 교육을 하였다. - 대화식
- 멘토는 왕자와 열렬한 토론을 벌였다. - 토론식
- 멘토는 질문자이고 왕자는 대답하였다. - 문답식
- 멘토는 왕자와 동료처럼 거리를 좁혔다. - 동료식
- 멘토는 왕자에게 사물을 예로 들어 설명했다. - 예화식
- 멘토는 왕자에게 아버지처럼 정답게 지냈다. - 정답게

멘토는 왕자가 완전한 인간, 즉 인격자, 용사, 지혜자, 왕으로서 성장하도록 그에게 맡겨진 임무를 완수하기 위해 온몸을 던져 완벽하게 수행했으며, 자신의 임무가 완료되었을 때에 미련 없이 떠나가는 아름다운 이야기에서 멘토링을 발견하게 되고 일대일 Tutorial System에 대한 상담학습 유래와 인재개발 방법론 그리고 한 사람을 고품격 인재로 성장시키는 최적의 시스템임을 알 수 있다.

Mentoring Tutorial System은 오늘날 일대일 상담학습이 가능한 교육부분에 아름다운 사례를 갖고 있다. 교수와 학생 관계에서 초·중·고교 선생님과 학생 관계에서 감동적인 사례가 매스컴이나 잡지에 실리기도 하여 많은 사람에게 감동을 주기도 한다. 왜냐하면 학교의 평준화 교육이나 기업의 집단 교육에서는 이러한 사례가 제도적으로 발생 확률이 거의 불가능하기 때문이다. 먼저 전통 깊은 옥스퍼드 대학의 사례를 소개한다.

2) 옥스퍼드 대학(英)의 Tutorial System 사례

- 세계적인 명문 옥스퍼드 대학의 차별화한 상담학습 방법으로
  Tutorial System을 수백 년 동안 운영하고 있다. 내용은 담당교

수를 멘토로, 학생을 멘제로 하는 일대일 멘토링 상담학습 방법이다. 매주 정한 날에 4시간씩 교수와 학생이 직접 일대일로 대면하여 학습 토론을 갖는 제도로 이를 위해 학생은 일주일 내내 토론 주제에 맞는 자료를 구하여 공부하게 되고 당일 교수와 불꽃 튀는 토론으로 학습이 진행된다. 결국 공부의 열심은 한국의 고3을 연상케 되나 한국과 다른 점은 주입식 교육이 아니라 담당교수와 학생이 일대일의 상담 및 토론 방식이라는 점이다. 세계의 명문 옥스퍼드 대학의 Tutorial System은 타 대학과 차별화 교육으로 최고의 경쟁력을 갖고 있는 이유가 바로 여기에 있다고 볼 수 있다.

▲ 학습 엿보기 = 지난해 11월 8일 오후 영국 옥스퍼드대 맨체스터 칼리지 본관 3층 철학과 맨더(37세) 교수실. 2학년 앤서니 군이 칸트 철학에 관해 맨더 교수와 일대일 토론 수업(Tutorial)을 하고 있었다. "데카르트의 자유인식에 대한 학생의 해석이 올바르다고 보는가?" "그렇습니다." "그 자유인식을 실존주의적 입장에서 해석해 보겠나?"

"……." 금세 대답이 나오지 않자 맨더 교수는 "에세이가 부실하다."고 공박했다. 얼굴이 붉거진 앤서 군은 "이틀 밤을 샜다."고 항변했지만, "중요한 것은 시간의 양이 아니라 질"이라는 답변이 돌아왔다.

2. 멘토링 상담학습 차별화

현재 대부분의 조직들이 적합한 인재를 양성하기 위해 각종 교육·훈련 제도를 활용하고 있다. 실제로 많은 미국 기업들이 워크숍, 학점이수 제도, 인터넷 교육, 사설기관에서의 업무교육 등 각종 교육·훈련에 연간 300백만 달러 이상을 투자하고 있다고 한다. 그러나 이러한 투자에도 불구하고 실질적인 효과를 거두는 기업은 그리 많지 않다. 한 연구조사에 의하면, 이러한 교육의 효과는 실제 투자되는 금액의 10%를 넘지 않는다고 한다.

물론 우리 기업들의 경우도 예외는 아니다. 2002년 LG경제연구원이 조사한 바에 따르면, 교육·훈련 결과에 대한 우리 기업들의 반응은 양적·질적 측면에서 모두 만족스럽지 못한 것으로 나타났다. 즉 '교육·훈련 기회가 충분히 주어지는가?'라는 질문에는 22%만이 그렇다고 응답했으며, 39%는 그렇지 않다고 응답한 것으로 나타났다. 또한 '그러한 교육·훈련이 실제 업무수행에 도움이 되는가?'라는 질문에는 28%만이 긍정적인 대답을 한 것으로 나타났다.

위의 조사결과를 통해서도 알 수 있듯이, 지금까지의 교육·훈련 제도는 여러 가지 한계점을 드러내고 있다. 따라서 향후 교육·훈련 제도의 효과적인 개선을 위해서는 다음과 같이 멘토 상담학습 네 가지 측면을 고려할 필요가 있다.

1) 멘토링은 수준별 상담학습

개개인의 니즈에 맞는 맞춤형(customized) 상담학습이 필요하다.

각기 다른 개성을 가진 사람들을 한곳에 모아 놓고 실시하는 집단적인 교육은 비용이 적게 든다는 장점이 있는 반면, 개개인의 특성이나 학습욕구를 제대로 반영하지 못한다는 단점이 있는 것이 사실이다. 따라서 앞으로는 개별 특성을 최대한 반영할 수 있는 일대일 상담 및 학습 제공 방식 등으로 교육·훈련 방법이 개선되어야 한다.

2) 멘토링은 자생적 상담학습

구성원 스스로 자기발전에 대한 필요성을 인식하고 상담학습 방향을 주도적으로 이끌어 갈 수 있는 시스템을 갖추어야 한다. 교육내용과 일정 등을 조직이 일방적으로 정해서 사원들에게 통보하는 지금까지의 방식을 과감히 버리고, 개개인의 성장욕구와 업무량을 고려하여 멘토/멘제 스스로 학습내용과 방법을 선택하고 결정하도록 해야 한다.

3) 멘토링은 과정중심 상담학습

무엇보다 지속적인 교육이 이루어져야 한다. 즉 정기적으로 시행하는 일회성 교육을 지양하고, 필요에 따라 교육의 양과 질을 적절히 결정할 수 있는 지속적인 교육을 시행해야 한다. 그래야만 교육결과를 실제 업무에 바로 적용할 수 있기 때문이다. 또한 반드시 교육·훈련에 대한 진척도와 효과를 수시로 확인해 보아야 한다.

4) 멘토링은 현장 중심의 상담학습

실제 업무현장과 연계된 상담학습이어야 한다. 개념적인 내용만을 전달하는 강의나, 매뉴얼 또는 교재에 의한 교육은 실제 경험의 질을 높일 수 없다.

맥킨지가 미국의 인재개발 실무자를 대상으로 조사한 결과를 통해서도, 여러 인재육성 수단 가운데 집단교육의 스타일의 효과를 30% 정도, 일정기간 동안 프로젝트식으로 참여하는 멘토링 효과를 90%로 효과가 높게 나타났다고 발표했다.

3. 멘토링 상담학습 스킬

멘토로서 카운슬러의 역할은 멘제가 실력을 마음껏 발휘하는 것을 가로막는 문제를 이해시키고 그 문제의 해결에 도움을 주는 것이다. 시간을 가지고 인내심을 지녀야 한다. 물론 더러는 30분만 들이면 해결할 수 있는 것도 있다.

정보부족이나 단순한 오해에서 비롯된 문제는 쉽게 풀린다. 그러나 훌륭한 기술을 가지고 있음에도 불구하고 팀플레이를 주저하는 멘제를 설득하여 다른 사람과 협력하도록 만들기 위해서는 며칠이나 몇 개월이 걸릴지도 모른다.

카운슬링이란 이러한 여러 가지 문제 상황을 해결해야 하는 '감초'인 것이다.

1) 상담심리 스킬 개요

멘토의 상담심리 스킬이란 주로 사회나 기업에서 멘제 자신의 입장과 역할, 아이덴티티(Identity: 자신의 존재, 정체성)에 대한 이해를 향상시키고 보다 성숙한 인간으로 성장하는 것을 독려할 목적으로 하는 기법이다.

상담심리 스킬에는 멘제의 정신적·심리적 건강 증진을 목적으로 한 멘토의 지원행동도 포함되어 있으며 이러한 목적을 달성하기 위해 멘토는 다음과 같이 행동한다.

(1) 역할모델(Role Model) 스킬

멘제에게 필요한, 적절하고 어울리는 태도나 가치관을 몸에 익히도록 하기 위해서, 멘토가 역할모델을 몸으로 보여주는 것이다.

(2) 포용과 확인 스킬(어떠한 상황에 처한 멘제라도 따뜻하게 받아들임)

멘토가 멘제를 한 사람의 인간으로 존중하고 멘제에게 무조건적으로 긍정적인 관심을 가지고 있다는 것을 알리는 행동이다.

(3) 카운슬링 스킬(부모 입장에서 상담에 나섬)

멘제의 정신적·심리적 스트레스를 덜어 주기 위해 멘제가 직장, 가정, 사회에서 직면하는 일과 다양한 걱정거리를 멘토에게 털어놓고 얘기할 수 있는 분위기와 기회를 제공하는 행동이다.

(4) 우호 스킬(같은 인간으로서 자연스러운 지원 관계)

멘토와 멘제 사이에 우정과 신뢰에 바탕을 둔 사적이면서 비공

개적인 멘토링 관계를 구축할 수 있도록 하는 행동이다.

(1) 역할모델 스킬 - 역할모델을 보여줌
● 멘토는 멘토 자신의 입장에 어울리는 말과 행동을 함.
● 멘제의 모범이 될 수 있는 인물이 되도록 노력함.
● 멘제가 진심으로 신뢰할 수 있는 인간이 되도록 명심함.
● 멘제의 모범이 될 수 있는 능력과 실적을 보여줌.
● 조직의 기본 방침과 철학을 이야기해 줄 수 있어야 함.

(2) 포용과 확인 스킬 - 따뜻하게 받아들임
● 멘토 자신에게는 멘제의 좋은 점을 인정하고 그것을 이야기해 줌.
● 멘제를 한 개인으로 존중함.
● 멘제를 단순한 멘제로서가 아니라 함께 살아가고 일하는 동료
  로서 인정함.

(3) 카운슬링 스킬 - 자상하게 상담에 임함
● 멘제의 이야기를 멘제의 기분으로 들어 줌.
● 멘제의 이야기를 멘토 자신의 의견을 강요하지 말고 들어 줌.
● 멘제가 무슨 얘기든 털어놓을 수 있는 사람이 되도록 명심함.

(4) 우호 스킬 - 많은 시간 인간적인 면에서 서로 교류함
● 많은 시간을 인간적인 차원에서 멘제와 교류를 함.
● 직장을 떠나서는 업무상 상하관계와 상관없이 멘제를 대함.
● 업무 이외의 일이라도 멘제와 이야기를 나누고 의견을 같이함.

● 멘토링 기간이 끝나더라도 효과적인 관계를 유지함.

2) 카운슬링의 타이밍

지금까지 착실하게 업적을 올려온 멘제가 최근 들어 축 처져 있을 때

교육이나 지도를 실시하여도 조금도 진보하지 않을 때

멘제가 개인적인 문제에 관하여 당신에게 도움을 요구해 올 때

멘제가 벽에 부딪혀 어떻게 해야 좋을지 모르고 있을 때

조직이 급성장을 이루고 있거나 혹은 대개혁을 일으키고 있기 때문에 이에 어떻게 대응해야 좋을지 멘제가 난처한 상태에 있을 때

지금까지 순조롭게 지나 온 멘제가 갑자기 실패나 좌절을 경험하여 슬럼프에 빠져 있을 때, 특히 승진에 의해 책무가 무거워진 경우

3) 카운슬링의 권리와 상담

카운슬러로서의 역할을 하기 전에 우선 진정으로 카운슬링이 필요한 것인지 자문하기 바란다. 가능한 멘제에게 자기 힘으로 문제를 해결할 기회를 부여하는 것이다.

카운슬링이란 지나친 참견을 하는 것 — 필요하지도 않았는데도 나서는 것 — 이 결코 아니다. 그 다음 타이밍이 대단히 중요하다. 지나치게 빠르거나 늦으면 나쁜 결과를 초래한다. 그러면 어느 때가 카운슬러로서의 역할을 담당할 필요한 때일까?

적절한 교육이나 지도를 실시했지만 효과가 없고 그대로 내버려

두자니 점차 수렁에 빠져드는 듯한 경우, 그리고 멘제로부터 협조 요청을 받았을 때이다.

다만 평소부터 멘제의 교육이나 지도에 열성적이지 않았다면 카운슬러의 역할을 맡아서는 안 된다. 이 첫째 조건을 충족하고 있는 사람만이 문제가 발생했을 때에 카운슬러로서 손을 내밀 수 있다. 그리고 “나는 멘제인 자네가 힘껏 최선을 다해 주기 바라고 있네. 자네 자신도 그러하리라고 생각하고 있네. 그러니 어떻게 하면 이 문제를 해결할 수 있을지 함께 의논해 보지 않겠나?”라고 말할 권리가 있다.

4) 카운슬링의 절차

실제로 카운슬링을 어떻게 운영하면 좋을까? 구체적으로 설명해 보도록 하겠다.

준비:

실제로 카운슬링에 들어서기 전에 우선 해 두어야 할 것은 니즈(Needs)나 이슈를 파악하는 일이다. 인간관계의 개성이 문제인지, 프로그램 일정진행이 문제인지, 고객관리가 문제인지를 찾아내야 한다. 그리고 되도록 구체적이고 측정 가능한 행동에 초점을 맞추어야 한다. 문제 상황을 막연하게 알고 있는 것만으로는 반드시 착오가 발생하며 도움이 될 만한 해결법을 제시할 수 없다. 그렇지 않으면 당신이 모처럼 손을 내밀어도 멘제는 움츠러든 채 당신에게 가까이하지 않을지도 모른다.

의논의 일시를 정한다:

카운슬링에는 적합한 시간, 적합하지 않은 시간이 있다. 의논할 날을 정한 다음에는 온갖 어려움을 물리치고서라도 약속을 지킬 정도의 마음가짐이 필요하다. 최초의 두 번은 절대 취소해서는 안 된다. 당신과 멘제 양측이 의논하여 가능한 시간을 선택하는 것이 중요하다. 근무 시간에 하는 것도 좋다. 그러나 퇴근 후 술을 한잔 기울이면서 하는 카운슬링은 카운슬링이라고 할 수 없다. 참된 의미의 카운슬링이란 술을 빌려 이야기를 나누는 것이 아니다. 노련한 카운슬러는 만나는 날짜를 통보하는 데에도 신경을 쓴다. 너무 일찍 통보해 주는 것은 좋지 않다. 예를 들어 금요일에 다음 월요일이나 화요일에 만나자는 약속을 했을 때, 멘제는 문제가 있음을 직감하고 온통 주말을 불안하게 보낼 것이기 때문이다. 대개의 경우 그날 이른 아침에 약속을 청하는 것으로 충분하다. 그날 오후에 시간을 낼 수 있을지 확인하면 되는 것이다.

문제를 말한다:

만나게 되면 당신 쪽에서 먼저 입을 열어야 한다. 왜 당신이 의논하고 싶어 했는지 간결하게 숨김없이 말을 해야 한다. 이 단계에서는 아직 문제의 핵심을 언급할 필요는 없다. 다만 말문을 열기만 하면 된다. 클라이맥스는 아직 미루어 두고 멘제의 태도를 살핀다.

멘제가 하는 말을 듣는다:

카운슬링에서 가장 중요한 점이 멘제가 하는 말을 들어 주는 것이다. 이때 당신은 온 신경을 집중시켜 듣지 않으면 안 된다.

당신은 멘제가 말하는 내용에서 무엇을 알아낼 것인가? 문제의 뿌리를 찾아내도록 해야 한다. 당신 자신에게도 문제의 원천이 있을 수 있다. 따라서 겸허하게 경청하여야 한다.

개인적인 문제의 경우:

가족 문제, 질병, 알코올 중독이나 마약중독, 금전적인 문제-등 개인적인 문제가 이슈되었을 때에는 카운슬러는 특별히 주의를 갖고 존중의 자세를 잃지 말아야 한다. 너무 관심을 보이면 프라이버시의 침해라고 오해받을 수도 있고 그렇다고 거리를 유지하면 이번에는 냉담하다고 책망받기 일쑤이다. 그러므로 당신이 가능한 범위에서 도와주고 싶다는 솔직한 마음을 알리고 상대를 안심시키는 것이 중요하다. 상담에 응해 줄 전문가(심리 카운슬러나 금융 카운슬러 등)를 소개해 주는 것도 좋다. 성실하게 멘제의 이야기를 들어 주는 태도, 부하가 가벼운 마음으로 당신의 사무실에 들어설 수 있도록 문을 활짝 열어 두는 것, 이것이 멘제에 대한 당신의 배려의 증거인 것이다.

즉석에서 행동계획을 수립한다:

어떻게 도울 수 있을지가 명백해진다면, 다음에 구체적인 행동계획을 수립할 필요가 있다. 언제 무엇을 할 것인가? 물론 멘제와 합의한 다음 결정하는 것이 좋을 것이다. 그리고 면담의 마지막에 다음 면담 일시를 결정한다. 일이 어떻게 진행되고 있는지, 원활하게 일을 처리하기 위해 당신이 할 수 있는 일은 없는지 체크하기 위해 면담하는 것이다.

5) 카운슬러가 삼가야 할 일

카운슬러는 자신의 본분을 지키고 그것을 넘어서는 행위는 삼가야 한다. 다음과 같은 행동이나 사고방식은 카운슬러에게 허용되지 않는다.

- 정신과 의사인 양 치료를 한다.
- 한 번만의 의논으로 끝마치려 한다.
- 아무 준비도 하지 않은 채 형편에 따라 적당히 의논에 임한다.
- 상대방을 나무란다.
- 개인적인 문제에만 흥미를 갖는다.
- 멘제의 문제는 인사팀의 책임이며, 자신은 관계없다는 태도를 취한다.
- 멘제의 과거를 낱낱이 조사할 기회라고 생각한다.
- 일방적으로 설교한다.
- 의논을 사무적으로 재빨리 끝내려 한다.
- 이 기회에 멘제가 안고 있는 문제를 전부 한꺼번에 해결해 버리려고 한다.

6) 뛰어난 카운슬러의 특징

가벼운 마음으로 이야기할 수 있게 한다.

상대방이 하는 말을 잘 듣는다.

멘제가 문제를 해결할 수 있도록 돕지만, 필요 이상으로 멘제의 행동을 억제하지 않는다.

문제에 관하여 의논하고 있을 때 공감을 표시한다.

멘제가 감정적이 되어 이성을 잃더라도 그것을 대범하게 보는
　관대함을 갖는다.

자신감을 잃지 않는다.

멘제가 도움을 필요로 하고 있음을 곧 알아차린다.

멘제가 성공하는 것을 바라고 있다.

멘제의 자존심과 자신감을 키우려고 노력한다.

멘제가 하고 싶은 말을 열심히 들어 준다. 자신이 듣고 싶어
　하는 것에만 귀를 기울이지 않는다.

멘제를 존중한다.

차분히 시간을 들여 이야기한다.

멘제의 사고방식을 받아들일 수 있어야 한다.

멘제를 위하여 온 정성을 기울인다.

다시 한 번 시도할 기회를 부여한다.

멘토가 멘제를 진심으로 존중하고 있는지는 멘제가 카운슬러 역할을 얼마나 기쁘게 수행하고 있는가로 판단할 수 있다. 왜냐하면 카운슬링을 하기 위해서는 멘토의 상당한 노력과 더러는 희생이 요구되기 때문이다.

상담할 문제들은 모두 인간에게서 출발하고 있다. 그럼에도 불구하고 문제의 원인인 멘제와 직접 의논하고자 애쓰는 멘토는 그리 많지 않다. 그러하기 때문에 좀 어려운 문제일수록 지연되고 있다. 상담을 경시하고 적당히 얼렁뚱땅 넘어가는 멘토도 있다. 이는 근무평가에는 오점이 남지 않기 때문이다.

"어이구, 죄송합니다. 조금 늦었습니다."라는 변명은 훌륭한 상담 자에게서는 절대로 나와서는 안 된다.

멘토가 멘제에게 상담을 위한 시간을 낸다는 것은 멘제를 존중한다는 것이다. 존중이 신뢰를 가져오고 신뢰가 또 주인정신을 유발한다.

7) 체크리스트와 우선 실천 과제

사회에 나와 처음으로 큰 실패를 맛보았을 때의 일을 떠올려 보라. 당신의 멘토는 어떻게 처리해 주었는가? 당신이 자신을 책망하고 실의에 빠지지 않도록, 그리고 당신이 실패에 굴복하지 않고 실패를 교훈으로 삼아 힘차게 나아갈 수 있도록 멘토는 어떻게 배려해 주었는가? 당신은 실패로부터 어떤 교훈을 얻을 수 있었는가?

그 교훈을 동료와 나누어 가졌는가? 입사 초기에 당신이 멘토로부터 받았던 상담과 현재 멘토인 당신이 하고 있는 상담과는 어떤 점이 다른가? 또 같은 점은 무엇이라고 생각하는가? 무엇 때문에 당신은 같은 방식을 취하고 있는가?

당신의 업계는 현재 급격한 혁신(Innovation)이 추진되고 있는가? 만약 그렇다면 당신은 멘제가 급격한 변화에 대응할 수 있도록 적절한 수단을 강구하고 있는가? 멘제의 강점과 약점을 파악하고 있지 않을 경우에는 우선 1주일간 먼저 멘제와 면담하여 충분히 의논하여 보면 좋을 것이다. 멘제가 하는 일에 귀를 기울이고 멘제의 업적을 체크하여 보라. 그는 무슨 일에 자신감을 갖고 있는가? 그 자신 있는 기술을 더욱 키워 줄 수 없을까? 강화해야 할 점은 무엇인가? 멘제가 선두를 달릴 수 있도록 하기 위하여 어떻게 도울 수 있을까?

당신 자신의 과거를 다시 한 번 돌이켜 보라. 극복하기에 가장 힘들었던 장애는 무엇이었던가? 왜 그렇게 힘들었는가. 그 경험을 당신의 멘제에게 들려 줄 수 없을까?

멘제와 면담하고 있을 때 멘제를 한 사람의 인간으로 존중하고 그가 하는 말을 차분히 듣고 있는가? 당신이 일방적으로 이야기하고 충고를 강요하고 있지 않는가? 멘제의 문제를 가볍게 여기고 있지는 않는가? 멘제가 스스로 마음을 가다듬고 해결의 실마리를 발견하도록 도와주고 있는가?

멘제를 과보호하고 있지는 않는가? 그것이 멘제의 주인정신을 가로막는 결과를 낳고 있지는 않는가? 멘제에게 나쁜 이야기는 하지 않고 좋은 이야기만 계속 하고 있지 않는가? 그러한 친절이 도리어 해가 되고, 멘제의 의타심을 조장하는 결과를 낳지 않을까? 문제가 생겼을 때 멘제에게 솔직하게 말하면, 무슨 일이 일어나리라고 당신은 생각하고 있는가?

8) 피그말리온 효과

심리학자 로젠탈(T. L. Rosenthal)은 어린 학생들을 대상으로 다음과 같은 실험을 했다고 한다. 어느 초등학교에서 선생님에게 '어린이 지능향상을 예측할 수 있는 새로운 테스트입니다.'라고 설명을 해 놓고 검사를 실시했다. 그 테스트 결과 후 20% 정도의 아이를 뽑아 놓고 '이 얘들은 앞으로 지적 발달이나 학업이 틀림없이 급상

승할 것입니다.'라고 선생님에게 결과 보고를 해 주었다. 그런 암시 후 8개월이 지난 다음 과거에 했던 것과 똑같은 지능 테스트를 하여 지난번의 지능 테스트 결과와 비교해 보았다. 그랬더니 앞으로 잘할 것이라는 기대를 품게 했던 아이들의 지능이 다른 아이들의 지능에 비하여 현저하게 향상되었다는 것이다.

이런 현상을 심리학에서는 피그말리온의 이름을 따서 '피그말리온 효과(Pygmalion Effect)'라고 한다. 피그말리온 효과는 선생님이 20%의 아이들을 지적 발달과 학업 성적이 향상되리라는 기대를 가지고 정성껏 돌보고 칭찬한 결과 나타난 것이다. 그러한 사랑을 받은 아이들은 선생님이 자신에게 관심을 보여주니까 공부하는 태도도 변하고 공부에 관한 관심도 높아져, 결국 능력까지 변하게 된다는 것이다. 이 결과 '칭찬하면 칭찬한 만큼 잘한다.'는 것을 알 수 있다.

Theme 5

Game(1) 심리개발게임

대부분 청소년은 심리상태가 유동적이다. 불안한 청소년 멘제가 멘토와 삶을 나누는 동안에 먼저 자신의 정체감 찾기 게임, 자아개발게임, 그리고 미래 사회에의 적응력으로 적성검사 등 3가지 심리검사 방법을 다루었다.

[심리검사란? – 최창호 박사]

심리적 현상에서의 개인차를 비교하고 개인의 전체적인 인격적, 행동적 측면을 이해하기 위한 심리학적 측정과정이다. 심리학적 측정이란 개인을 특징짓는 성질, 즉 심리적 특성을 수량화하는 과정이다.

심리검사는 측정하고자 하는 특정한 행동을 체계적으로, 표준화된 방식에 따라 양적으로 측정하여, 개인 간 비교가 가능하고 또한 개인 내 비교도 가능하도록 해 주는 심리 측정법이다.

Index

1장 Identity Design Game

2장 Egogram Design Game

3장 Aptitude Design Game

Identity Game 정체감개발게임

－어렸을 때부터 우리는 부모, 형제 그리고 학교 선생님의 말씀을 들으면서 자란다. 부모가 하라는 대로 하면 두려울 게 없고, 선생님이 하라는 대로 하면 별로 문제될 게 없다. 그러나 어느 순간

'나는 누구인가?'

'나는 어디서 와서 어디로 가는가?'

'나는 앞으로 어떤 사람이 될 것인가?'와 같은 고민을 하며, 다른 사람들의 말이 귀에 들어오지 않기 시작한다. 그것은 바로 나를 찾기 위한 투쟁이 시작된 증거다.

심리학에서는 청소년기를 정체감 위기(identity crisis)의 시기로 보았다. 다시 말하면 청소년기에는 정체감을 확립하느냐 못 하느냐가 가장 중요한 발달 과업이라는 것이다. 만약 정체감을 확립하지 못하면 젊은이들은 자기가 무엇을 어떻게 해야 할지 모르는 역할 혼미에 빠지게 된다.

* 나의 정체감 확립수준

1) 정체감 혼미

2) 정체감 조기 획득

3) 정체감 유예

4) 정체감 확립

1. 청소년기의 과제는 '나 찾기'

어렸을 때부터 우리는 부모, 형제 그리고 학교 선생님의 말씀을 들으면서 자란다. 부모가 하라는 대로 하면 두려울 게 없고, 선생님이 하라는 대로 하면 별로 문제될 게 없다. 그러나 어느 순간 '나는 누구인가?' '나는 어디서 와서 어디로 가는가?' '나는 앞으로 어떤 사람이 될 것인가?'와 같은 고민을 하며, 다른 사람들의 말이 귀에 들어오지 않기 시작한다. 그것은 바로 나를 찾기 위한 투쟁이 시작된 증거다. 그런 과정에서 우리는 고민하고, 방황하고, 스트레스를 받는다. 이렇게 자기를 찾으려는 과정에서 발생하는 심리적, 사회적 갈등을 정체감 장애(identity disorder)라고 한다.

그러나 정체감 장애는 병이라기보다 젊은이들이 자기를 돌봐 주는 부모나 주위 사람들로부터 독립하는 과정에서 겪는 정상적인 현상이다. 이런 과정은 홍역과 같이 누구나 한 번쯤은 겪어야만 한다.

심리학에서는 청소년기를 정체감 위기(identity crisis)의 시기로 보았다. 다시 말하면 청소년기에는 정체감을 확립하느냐 못 하느냐가 가장 중요한 발달 과업이라는 것이다. 만약 정체감을 확립하지 못하면 젊은이들은 자기가 무엇을 어떻게 해야 할지 모르는 역할 혼미에 빠지게 된다. **나의 정체감은?**

다음 각각의 질문을 읽고 어느 정도 동의하는지를 체크하시오.

　　　매우 동의한다: 3점　　　어느 정도 동의한다: 2점

　　　약간 동의한다: 1점　　　전혀 동의하지 않는다: 0점

1) 나는 '내가 누구인가'에 대해 별로 관심이 없다.

2) 나는 내가 사춘기라는 것을 별로 느끼지 않는다.

3) 나는 사춘기를 호되게 겪었거나 겪고 있다.

4) 나는 사춘기의 특징이라고 여길 만한 경험을 했다.

5) 나는 미래 내 직업에 대해서 별로 생각해 본 적이 없다.

6) 나는 내가 장래 무엇을 할지 알고 있다.

7) 요즘에는 정말 왜 사는가 싶을 정도로 고민이 많다.

8) 나는 내가 어떤 직업을 가져야 할 것인지 잘 알고 있다.

9) 나는 요즘 들어 부모님이나 선생님 말씀을 잘 듣지 않는다.

10) 나는 젊은이들이 방황하고 고민하는 것을 이해하기 힘들다.

11) 나는 어떤 전공을 선택하고 어떤 대학을 선택해야 하는지 고
민이 많다.

12) 나는 내 삶의 목표가 무엇인지 분명히 알 수 있다.

13) 나는 내 역할에 대해 별로 확신이 없다.

14) 나는 전공을 선택하고 대학을 선택할 때 별로 어려움이 없다.

15) 나는 지금의 나의 모습에 만족하지 못한다.

16) 나는 인간관계를 어떻게 해야 하는지 알 것 같다.

17) 나는 나의 미래를 설계하려는 욕구가 별로 없다.

18) 나는 부모님과 선생님의 말씀을 잘 듣는 편이다.

19) 나는 장차 어떤 직업을 가질 것인지에 대해 진지하게 고민하

고 있다.

20) 나는 사춘기의 고민과 방황으로 부모, 형제와 갈등을 빚은 적이 있었지만 지금은 말끔히 해소되었다.

21) 나는 하고 싶은 일이 너무 많아서 쉽게 마음을 정하지 못하고 있다.

22) 나는 질서와 규칙을 잘 지키고, 그것을 어기지 않으려고 애쓴다.

23) 나는 꿈은 있지만 지금 내가 무엇을 해야 할지를 잘 모른다.

24) 나는 지금 내가 해야 할 일이 무엇인지를 잘 알고 있다.

25) 나는 나의 미래에 대해 미리 생각하고 싶지 않다.

26) 나는 별다른 어려움 없이 유복한 가정에서 성장한 편이다.

27) 나는 요즘 들어 친구들이나 가족이 간섭하는 것 때문에 사소한 다툼을 많이 한다.

28) 나는 내가 선택한 일에 대해서는 후회하지 않을 자신이 있다.

29) 때때로 나는 나 자신에게조차 생소한 느낌이 든다.

30) 나는 어머니가 선택해 준 옷과 신발, 머리 스타일을 좋아한다.

31) 나는 때때로 '나는 누구인가?' '어디서 와서 어디로 가는가?' 와 같은 고민을 하지만 아직 그것에 명확하게 답할 수 없다.

32) 나는 선생님이 나에게 무엇을 기대하는지를 잘 알고 있다.

33) 나는 지금의 내가 아닌 다른 존재가 되고 싶다.

34) 나는 집을 떠나서 혼자 생활한다는 생각을 별로 해 보지 않았다.

35) 나는 지금의 내가 아닌 다른 사람이 되고 싶다.

36) 대부분의 사람들은 나의 있는 그대로를 받아들여 주고 인정

해 준다.

37) 나는 누가 '당신의 삶의 의미는 무엇이냐?'고 묻는다면 대답하기 힘들다.

38) 나는 경제적으로 독립하기 위해서 어떤 계획을 세우거나 실천한 적이 없다.

39) 나는 내가 보잘것없는 존재인 것처럼 느껴질 때가 있다.

40) 나는 나 자신을 정말 잘 안다고 확신한다.

2. 정체감 찾기 채점방식

<채점> 종축에 정답을 전부 더한다. 각각의 종축은 10개의 문항으로 이루어져 있으며, 최고 40점에서 최저 0점이다. 위 점수를 아래 표에 점으로 표현하고, 그 점을 선으로 연결한다. 가장 높은 점수가 당신의 자아 정체감 유형이다.

문항	정답	문항	정답	문항	정답	문항	정답
1	⓪①②③④	2	⓪①②③④	3	⓪①②③④	4	⓪①②③④
5	⓪①②③④	6	⓪①②③④	7	⓪①②③④	8	⓪①②③④
9	⓪①②③④	10	⓪①②③④	11	⓪①②③④	12	⓪①②③④
13	⓪①②③④	14	⓪①②③④	15	⓪①②③④	16	⓪①②③④
17	⓪①②③④	18	⓪①②③④	19	⓪①②③④	20	⓪①②③④
21	⓪①②③④	22	⓪①②③④	23	⓪①②③④	24	⓪①②③④
25	⓪①②③④	26	⓪①②③④	27	⓪①②③④	28	⓪①②③④
29	⓪①②③④	30	⓪①②③④	31	⓪①②③④	32	⓪①②③④
33	⓪①②③④	34	⓪①②③④	35	⓪①②③④	36	⓪①②③④
37	⓪①②③④	38	⓪①②③④	39	⓪①②③④	40	⓪①②③④
A		B		C		D	

나의 정체감 확립수준은?

각각의 점수를 더하였을 때 점수가 가장 많이 나온 부분이 자신
의 정체감 유형이다.

     A: 정체감 혼미

     B: 정체감 조기 획득

     C: 정체감 유예

     D: 정체감 확립

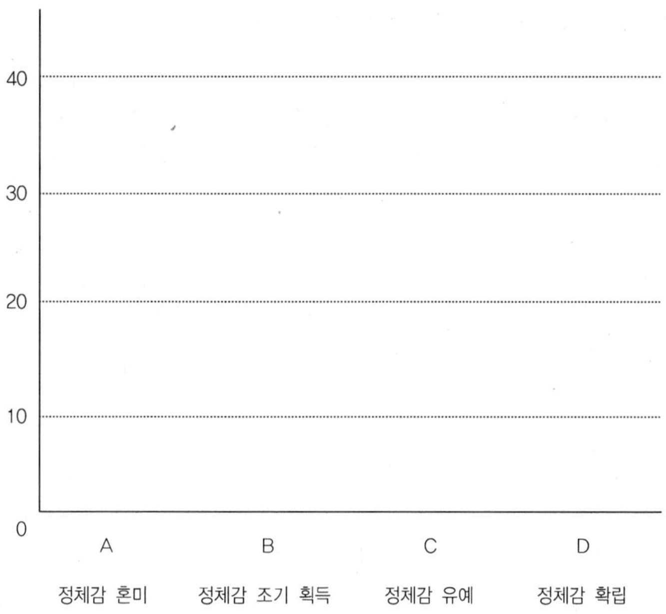

3. 정체감의 여러 가지 유형

정체감을 얼마나 획득했느냐에 따라 정체감도 여러 유형으로 구

분된다. 마르시아(J. E. Marcia)라는 심리학자는 두 가지 기준을 가지고 정체감을 네 개의 유형으로 구분했다. 하나의 구분 기준은 자신의 현재 상태와 역할에 의문을 제기하고 여러 가지 대안적 가능성을 탐색하는 위기(crisis)를 경험했는지, 다른 구분 기준은 자신에게 주어진 역할과 과업에 신념을 가지고 얼마나 관여(=성취의욕 commitment)하고 있는지이다.

첫 번째 정체감 유형

위기도 경험하지 않고 관여도 하고 있지 않은 **정체감 혼미** (identity diffusion) 단계다. 이런 상태의 젊은이들은 자신의 생애를 계획하고 설계하려는 욕구가 부족하고, 자기의 역할과 자기가 하는 일에 대해서도 확신이 없다. 이들은 자존심도 낮고, 흔히 혼돈과 공허감에 빠져 있다. 이런 상태는 초기 청소년기의 특징이지만 이런 상태가 지속되어 성인기에까지 이르면 직업도 제대로 선택하지 못하고, 자기가 해야 할 일도 모르는 채 허송세월하게 된다.

두 번째 정체감 유형

위기는 경험하지 않았지만 관여는 하고 있는 정체감 **조기 획득** (identity foreclosure) 단계다. 이들은 위기를 경험하지 않았지만 자신이 무엇을 해야 하고, 자신의 삶의 목표가 무엇인지를 명확하게 알고 있다. 이런 우형의 정체감은 자기에 대해 충분히 생각하지 않은 상태에서 정체감을 획득했기 때문에 정체감 유실이라고도 한다. 대개 이 부류의 젊은이들은 부모가 정해 주는 전공, 직업을 선택하거나 부모가 물려주는 사업을 하고, 일찍 결혼해서 안정된 생활을 한다. 그러나 위기를 겪지 않은 정체감 조기 획득이 항상 좋은 것만은 아니다. 이런 젊은이들은 온실에서 자라난 화초처럼 나약해져 조그만 어려움에도 좌절하고 굴복하기 쉽다.

세 번째 정체감 유형

위기는 경험했지만 관여가 이루어지지 않은 **정체감 유예**(identity moratorium) 단계다. 이런 유형의 정체감 상태를 나타내는 젊은이들은 자신의 현재 상태에 대해 문제의식을 가지며, 그런 문제를 해결하기 위한 대안이 무엇인지, 자신의 삶의 목표는 무엇인지에 대해 진지하게 고민하는 중이다.

하지만 여전히 자신의 문제를 해결하고자 노력하는 단계에서 주위 사람들과 애증이 교차하는 갈등을 빚기도 한다. 이 단계는 정체감을 확립하기 위한 바로 전 단계로 앞의 두 단계보다는 성숙한 단계이다.

네 번째 정체감 유형

위기도 경험했고 관여도 이루어진 가장 성숙한 단계인 **정체감 확립**(identity achievement) 단계다. 이 유형에 속하는 젊은이들은 자신의 가치관, 직업관, 인간관계 등에 대해 많은 고민을 하고 위기도 경험했지만 스스로 그런 위기를 잘 극복해 냈다. 자신의 역할이 무엇인지, 자신의 삶의 목표가 무엇인지를 명확히 알고 있으며, 자신이 하고 있는 일, 자신이 선택한 것에 확신을 가지고 몰두한다. 이들은 부모와의 관계를 비롯한 인간관계가 원만하고, 자존심도 높고, 스트레스에 민감하게 반응하지도 않는다. 게다가 불안 수준도

낮아 안정적인 느낌을 준다.

4. 정체감 확립 10계명

사람들은 각각의 발달 단계에서 획득해야 하는 발달 과업이란 게 있다. 그중 가장 중요한 것이 정체감을 확립하는 것이다. 정체감을 제대로 확립하기 위해서는 기본적으로 진지한 삶의 자세를 갖고, 능력을 키우고, 소신을 가져야만 한다. 그렇지 않으면 성인이 되어서도 무능하고 무력한 사람이 된다. 그러니 정체감 형성이 덜 되었다면 지금부터라도 그것을 확립하기 위해 노력해야 한다.

그렇다면 정체감은 어떻게 해야 획득할 수 있는가?

1) 자기가 원하는 전공과 직업을 선택하라.

부모나 선생님이 정해 주는 학과가 아닌 자기가 원하는 학과와 직업을 선택하라.

2) 가정이나 학교에서 자기 의사를 분명히 표현하라.

그러기 위해 자기 의사를 정리해서 표현하는 연습을 하고, 자기 감정을 솔직히 표현하도록 노력하라.

3) 자기의 신체적인 특성을 인정하라.

자기의 겉모습을 바꾸려고 하기보다는 자신만의 특징을 인정하라. 사람마다 개인차가 있다. 다른 사람과 다른 것을 이상하게 생각하지 마라.

4) 자신의 성(性)을 받아들여라.

자신의 성이 남성인지, 여성인지를 자신의 생물학적인 성에 맞춰 받아들이고, 그에 따른 성 역할과 성 정체감을 확립하라.

5) 부모 또는 자기를 돌봐주는 사람들로부터 심리적으로 독립하라.

독립하는 것을 두려워하지 마라. 정상적인 사람은 스스로 생각하고 행동할 수 있어야 한다.

6) 경제적으로 독립해야 한다는 생각을 가져라.

비록 지금 당장 돈을 벌 수는 없겠지만 항상 경제적으로 독립한다는 생각을 가져라.

물질적인 독립이 가능해야 비로소 진정한 독립이 이루어지는 것이다.

7) 어떤 직업을 가질 것인지 선택하고 그 직업을 준비하라.

→ 장래 희망이 무엇이고 어떤 직업을 가질 것인지를 선택하고, 그 직업에서 필요로 하는 재능을 개발하라.

8) 사회구성원으로서 자기의 역할을 다할 수 있도록 능력을 갖춰라.

→ 다른 사람과 함께 사는 사회구성원으로서 질서, 규칙, 법을 지키며, 맡은 책임을 다할 수 있는 능력을 키워라.

9) 결혼과 미래의 가정생활을 준비하라.

→ 후기 청소년기에 접어들었다면 이제 결혼과 가정을 꾸밀 준비를 하라. 어떤 배우자를 만날 것인지도 생각하라.

10) 지나치게 권위주의적으로 간섭하는 부모에게는 반항하라.

→ 매사를 부모의 뜻에 맞춰 자식을 키우려는 부모는 자식의 정체감 확립에 좋지 않은 영향을 준다. 자식의 도를 벗어나지 않는 범위 내에서 소신껏 자기를 내세워라.

5. 다시는 돌아오지 않는 시간

한 조사 연구에 따르면 우리나라 중학생의 15%, 고등학생의 30%, 대학생의 40% 정도가 정체감 확립 단계에 이르고 있다고 한다. 이 결과를 보면 우리나라 젊은이들이 정체감을 확립하기 위한 고민과 방황을 잘 극복하고 있으며, 나이가 들어 감에 따라 점차 정체감이 확립되어 감을 알 수 있다.

그러나 정체감은 하루아침에 얻어지는 것이 아니라 나름대로 자신의 존재, 역할, 삶의 목표에 대해 고민하는 과정, 즉 사춘기의 정체감 위기를 거쳐야만 한다. 젊은이들은 그런 고민과 방황을 할 수 있는 특권을 가지고 있는 것이다. 그러나 한 가지 염두에 둘 것은 사춘기의 특권, 젊다는 특권을 남용해서는 안 된다는 것이다.

끝없이 방황하고 허황된 꿈을 좇아 시간을 한없이 허송해서는 안 된다. 청소년기는 무엇이든지 가능한 시기이기도 하지만, 모든 가능성을 하나하나 포기하는 시기이기도 하다.

우리가 할 수 있는 일, 현실적으로 가능한 일, 자기 능력에 맞는 일을 찾아 거기에 정열을 투자하는 것이야말로 특권을 가장 잘 향유하는 것이 아닐까?

성년부중래(盛年不重來)라는 말이 있다. 이 말은 젊은 시절은 다시 오지 않는다는 뜻이다. 그렇다. 젊은 날은 다시 오지 않는다.

그렇다면 지금 우리의 젊은 날을 허송할 만한 여유가 있을까? 젊어 1년은 늙어 10년일 수도 있다는데……

Egogram Game 자아개발게임

1. Egogram 해석

사람들의 자아는 크게 세 가지로 구성되어 있다. 어린이 자아(C), 어버이 자아(P), 성인 자아(A)가 그것이다. 그리고 그것들은 다시 여섯 가지(FC, AC, RC, CP, NP, A) 자아로 분류된다. 우리는 그 여섯 가지 자아를 에고그램을 통해 분석한 것이다. 그러면 에고그램을 어떻게 해석해야 하는가?

1) FC가 가장 높게 나타난 사람은 자유로운 어린이 자아(free child ego)가 지배적인 사람이다. 그런 사람은 호기심이 많고 자기감정 표현을 잘하며, 예술가적이고 자유분방하다. 인간미가 있고, 개방적이고 순수하고 창조적이다. 그러나 제멋대로 하는 경향이 있고, 자기중심적이다. 본능적이고 충동적이고 자기 과시적이다. 남을 별로 배려하지 않고 안하무인으로 행동해서 다른 사람들에게 피해를 주기도 한다.

2) AC가 가장 높게 나타난 사람은 순응적인 어린이 자아(adapted child ego)가 지배적인 사람이다. 그런 사람은 솔직하고 사람을

잘 믿는다. 그리고 겸허하고 인내심이 강하고 주위 사람들과 잘 융화한다. 그러나 매사에 비관적이어서 자신을 학대하고, 죄의식이나 열등의식이 강하다. 게다가 남의 눈치를 많이 보고, 아첨하고, 아양 떨길 좋아한다.

3) RC가 높게 나타난 사람은 반항적인 어린이 자아(rebellious child ego)가 지배적인 사람이다. 그런 사람은 도전적이고 정력적이고 경쟁심이 강하다. 그리고 자율적이고 독립적이며, 스트레스를 잘 극복한다. 그러나 시기와 질투심이 강하고 성격이 비뚤어져 있기 쉽다. 게다가 매사에 불평불만을 많이 표현하고, 고집이 세고 잘 토라지는 특성을 보인다.

4) CP가 가장 높게 나타난 사람은 비판적인 어버이 자아(critical parent ego)가 지배적인 사람이다. 그런 사람은 예의 바르고, 매우 고지식하고 도덕적이어서 문화전통과 사회규범을 잘 지킨다. 그리고 이상이 높고 설득력이 좋아 리더의 자질을 갖추고 있다. 그러나 잔소리가 심하고, 엄격하고, 성미가 까다로우며, 자기주장이 지나쳐 남의 얘기는 잘 듣지 않고 남에게 자기 의견을 강요하는 경향이 있다.

5) NP가 가장 높게 나타난 사람은 양육적인 어버이 자아(nurturing Parent ego)가 지배적인 사람이다. 그런 사람은 다정다감하고, 남을 배려해 주고, 친절하고, 상대방의 입장을 잘 헤아려 주고, 남의 결점을 잘 포용한다. 그러나 자신은 잘 챙기지 않고 지나치게 다른 사람을 보호하려 해서 다른 사람을 응석받이로 만들거나 의존적으로 만드는 단점이 있다.

6) A가 가장 높게 나타난 사람은 성인 자아(adult ego)가 지배적

인 사람이다. 그런 사람은 현실적이고, 이성적이고, 합리적이고, 계산적이다. 그리고 일을 냉정하고 분석적으로 판단하고 예측해서 처리한다. 그러나 지나치게 이해타산적이어서 인간미가 없고 차갑다. 게다가 모든 것을 돈으로 평가하려는 경향이 있다.

2. Egogram 진단 Workshop

다음 문항을 읽고 자신의 생각이나 행동에 어느 정도 일치하는지 체크하시오.

매우 일치한다: 4점　　　　어느 정도 일치한다: 3점

보통 일치한다: 2점　　　　일치하지 않는 편이다: 1점

전혀 일치하지 않는다: 0점

1) 나는 어린애같이 천진난만한 면이 많다.

2) 나는 불쾌한 일이 있어도 꾹 참는다.

3) 나는 상대방이 권위적이거나 강압적이면 반발한다.

4) 나는 공부와 일을 능률적으로 해낸다.

5) 나는 다른 사람을 깔보는 경향이 있다.

6) 나는 남의 단점을 지적하기보다 장점을 칭찬하길 좋아한다.

7) 나는 감정을 숨기지 않고 잘 표현한다.

8) 나는 주위 사람들로부터 소극적이란 이야기를 듣는 편이다.

9) 나는 모든 것에서 남에게 지고 싶지 않다.

10) 나는 득실을 따지며 행동하는 편이다.

11) 나는 남의 무례한 태도를 보면 화가 치밀어 주의를 주고 싶다.

12) 주위 사람들은 나에게 이런저런 부탁을 많이 한다.

13) 나는 하고 싶은 말이 있으면 서슴지 않고 말한다.

14) 나는 주위 사람의 안색이나 평가에 많은 신경을 쓴다.

15) 나는 다른 사람들에게 불평불만을 자주 늘어놓는다.

16) 나는 ‘누가’, ‘어디서’, ‘왜’와 같은 식의 말을 자주 쓴다.

17) 나는 책임감이 강한 편이다.

18) 나는 다른 사람을 생각하는 마음이 강해서 남의 일에 지나치
게 간섭하는 편이다.

19) 나는 다소 제멋대로 행동하는 경향이 있다.

20) 나는 조심성이 많아 자신의 생각을 잘 표현하지 못한다.

21) 나는 사소한 것에 화내거나 심통을 부리는 경향이 있다.

22) 나는 계획을 세우지 않고는 어떤 일을 시작하지 않는다.

23) 나는 좋고 나쁨을 확실히 가려서 행동한다.

24) 나는 곤경에 빠진 사람을 보면 항상 도와주려고 한다.

25) 나는 호기심이 많아 이것저것 하고 싶은 게 많다.

26) 나는 실패했을 때 남을 탓하기보다는 자신의 탓으로 돌린다.

27) 나는 억울한 일을 당하면 그것을 극복하기 위해 분발한다.

28) 나는 다른 사람과 얘기할 때 감정적으로 흥분하는 일이 거의
없다.

29) 나는 다른 사람들에게 사리 분별을 잘해서 행동하라고 말하
곤 한다.

30) 나는 다른 사람의 의견을 대범하게 받아들인다.

31) 나는 남이 어떻게 생각하든 내가 하기 싫은 일은 하지 않는다.

32) 나는 사람들은 제각각의 운수를 타고난다고 생각한다.

33) 나는 기분 나쁜 말을 들으면 곧 화를 낸다.

34) 나는 모르는 일이 있으면 도움을 구하거나 상담한다.

35) 나는 내 생각을 남에게 강요하는 경향이 있다.

36) 나는 누가 실패하더라도 그것을 호의적으로 받아들일 수 있다.

37) 나는 이성보다 직감을 믿는 편이다.

38) 나는 싫은 것을 싫다고 말하지 않고 참는 편이다.

39) 나는 실패를 하든 성공을 하든 남의 탓으로 돌리는 편이다.

40) 나는 얘기할 때 상대방의 얼굴을 보면서 침착하게 얘기한다.

41) 나는 정해진 규칙과 질서를 엄격히 지킨다.

42) 나는 다른 사람의 부탁을 받으면 그 일이 어렵고 귀찮더라도
   받아들인다.

43) 나는 불쾌한 일이 있어도 곧 잊어버린다.

44) 나는 자신보다 남의 일을 우선한다.

45) 나는 운동을 하든 공부를 하든 다른 사람과 경쟁하길 좋아한다.

46) 나는 사물을 정확히 판단하는 편이다.

47) 나는 이상이나 목표가 낮은 사람을 보면 뭐라고 한마디 해
   주고 싶다.

48) 나는 다른 사람의 이야기에 공감할 줄 안다.

49) 나는 유머와 농담을 잘하는 편이다.

50) 나는 남들이 즐거워해도 그다지 즐겁지가 않다.

51) 나는 나보다 뛰어난 사람을 만나면 은근히 경쟁심이 생긴다.

52) 나는 어떤 일을 결정할 때 다른 사람의 의견을 참고하는 편

이다.

53) 나는 소신껏 자기주장을 펴는 편이다.

54) 나는 다른 사람을 돌봐 주길 좋아한다.

55) 나는 갖고 싶은 물건을 갖지 못하거나 하고 싶은 일을 못 하면 불안하다.

56) 어떤 사람들은 자신의 능력이나 실력 이상으로 출세하는 것 같다.

57) 나는 친구에게 겉으로 화를 내진 않지만, 속으론 기분 나쁜 경험을 자주 한다.

58) 나는 미신이나 점, 사주팔자 등을 잘 믿지 않는다.

59) 나는 다른 사람들의 실패나 결점을 용서하지 않는 편이다.

60) 나는 다른 사람을 위해 봉사하는 것을 좋아한다.

3. Egogram 채점방식

<채점> 종축에 정답을 전부 더한다. 각각의 종축은 10개의 문항으로 이루어져 있으며, 최고 40점에서 최저 0점이다. 위 점수를 아래 표에 점으로 표현하고, 그 점을 선으로 연결한다. 가장 높은 점수가 당신의 지배적인 자아 유형이다.

문항	정답	문항	정답	문항	정답	문항	정답	문항	정답	문항	정답
1	⓪①②③④	2	⓪①②③④	3	⓪①②③④	4	⓪①②③④	5	⓪①②③④	6	⓪①②③④
7	⓪①②③④	8	⓪①②③④	9	⓪①②③④	10	⓪①②③④	11	⓪①②③④	12	⓪①②③④
13	⓪①②③④	14	⓪①②③④	15	⓪①②③④	16	⓪①②③④	17	⓪①②③④	18	⓪①②③④
19	⓪①②③④	20	⓪①②③④	21	⓪①②③④	22	⓪①②③④	23	⓪①②③④	24	⓪①②③④
25	⓪①②③④	26	⓪①②③④	27	⓪①②③④	28	⓪①②③④	29	⓪①②③④	30	⓪①②③④
31	⓪①②③④	32	⓪①②③④	33	⓪①②③④	34	⓪①②③④	35	⓪①②③④	36	⓪①②③④
37	⓪①②③④	38	⓪①②③④	39	⓪①②③④	40	⓪①②③④	41	⓪①②③④	42	⓪①②③④
43	⓪①②③④	44	⓪①②③④	45	⓪①②③④	46	⓪①②③④	47	⓪①②③④	48	⓪①②③④
49	⓪①②③④	50	⓪①②③④	51	⓪①②③④	52	⓪①②③④	53	⓪①②③④	54	⓪①②③④
55	⓪①②③④	56	⓪①②③④	57	⓪①②③④	58	⓪①②③④	59	⓪①②③④	60	⓪①②③④
FC		AC		RC		A		NP		CP	

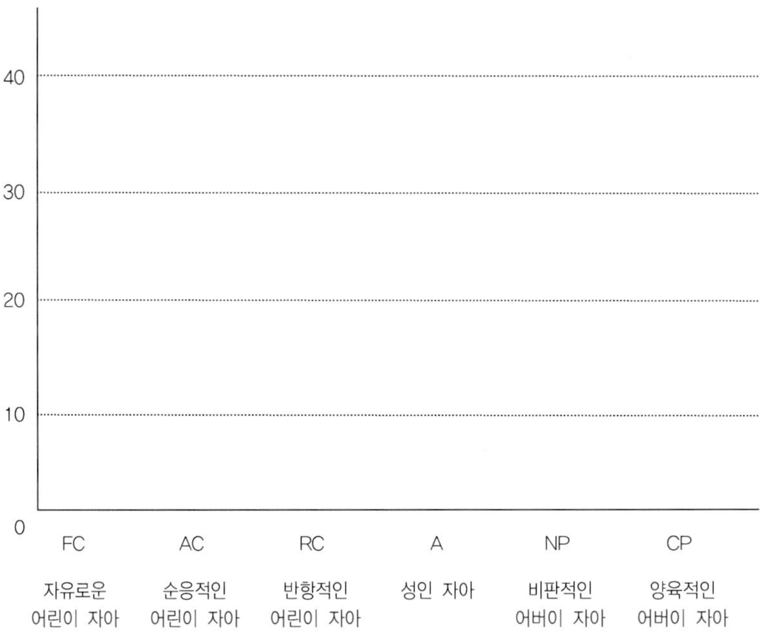

Aptitude Game 적성개발게임

- 배고픈 자에게는 빵이 가장 소중하고, 모든 것들이 다 빵과 연결된다. 하지만 배부르고 나면 빵은 시답지 않은 존재일 뿐이다.

배고플 때는 우선 돈을 벌어야겠다는 생각으로 보수와 급여를 많이 주는 직업을 선택하지만 시간이 흘러 어느 정도 생활이 안정되고 나면 보수가 많고 적음은 별로 중요한 게 아니다.

그보다는 자신이 하고 싶은 일을 한 번 맘껏 해 보는 것이 더 중요하다. 그러나 그때가 되면 이미 딸린 식구들도 있고 자신이 투자한 시간과 노력도 있기 때문에 선뜻 직업을 바꾸지 못한다.

그러니 직업을 선택할 때는 처음부터 적성(Aptitude)을 고려하는 게 좋다.

* 적성개발 5가지 타입

  A타입 - 경영자형

  B타입 - 마케팅형

  C타입 - 기획형

  D타입 - 연구개발형

  E타입 - 사무형

1. 돈보다 중요한 적성

대학의 전공을 선택했다고 해서 선택이라는 고민이 끝나는 것은 아니다. 대학을 졸업할 때쯤이면 어떤 직업을 선택할 것인지 또 한 번 갈등에 빠진다.

공보처가 '96년 7월부터 성인 남녀 4,500명을 대상으로 3차례에 걸쳐 실시한 '한국인의 의식, 가치관 보고서'에 따르면 우리나라 사람들이 직업을 고를 때 가장 중요하게 생각하는 것은 보수와 급여 (45.8%)였다. 그 다음으로 중요한 것이 적성(31.8%), 안정성(11.2%), 근무 조건(9.3%), 주위의 평가(1%) 순이었다. 우리나라 사람들은 보수와 급여를 중시해서 직업을 선택하지만 그렇게 선택한 직업에 평생 동안 전념하는 사람들은 매우 드물다. 적성에 맞지 않기 때문에 흥미가 없어서, 해 보고 싶은 일을 하려고 자신이 선택한 직업을 바꾸는 일이 허다하다.

배고픈 자에게는 빵이 가장 소중하고, 모든 것들이 다 빵과 연결된다. 하지만 배부르고 나면 빵은 시답지 않은 존재일 뿐이다. 배고플 때는 우선 돈을 벌어야겠다는 생각으로 보수와 급여를 많이 주는 직업을 선택하지만 시간이 흘러 어느 정도 생활이 안정되고 나면 보수가 많고 적음은 별로 중요한 게 아니다. 그보다는 자신이 하고 싶은 일을 한 번 맘껏 해 보는 것이 더 중요하다. 그러나 그 때가 되면 이미 딸린 식구들도 있고 자신이 투자한 시간과 노력도 있기 때문에 선뜻 직업을 바꾸지 못한다. 그러니 직업을 선택할 때는 처음부터 적성을 고려하는 게 좋다.

2. 적성은 타고나는 것이 아니다

사람은 어떻게 결정되는 것인가? 사람의 성격, 능력, 지능과 같은 심리적 특성들은 선천적인 것보다는 후천적인 것에 의해 결정된다. 다시 말해 유전보다는 환경의 영향을 더 많이 받는다. 어렸을 때부터 어떤 환경에서 어떤 자극을 받으며 자랐느냐에 따라 사람의 심리적 특성이 결정되는 것이다. 물론 선천적으로 유전자, 염색체, 호르몬, 신경계와 같은 생물학적인 요소들이 인간의 발달에 영향을 미치고 있다는 사실을 완전히 배제할 수 없다. 하지만 인간의 발달에 영향을 주는 가장 큰 요소는 후천적인 환경이다.

적성도 마찬가지이다. 선천적인 요소보다는 후천적인 요소를 더 강조한다. 일반적으로 적성은 다음과 같이 정의된다. 적성(aptitude)이란 후천적으로 학습된 어떤 분야에 대한 성장 잠재력을 말한다. 적성은 선천적인 것이 아니라 후천적으로 학습된 것이고, 현재 어떤 분야에 얼마나 소질이 있는가보다는 앞으로 그 분야에서 얼마나 잠재 능력을 발휘할 수 있는지가 관심사다.

그래서 현재 어떤 분야에 능력이 없다고 해서 그 분야가 적성에 맞지 않는다고 단정하는 것은 성급하다. 아직 그 분야에 대한 잠재력이 발휘되지 않고 있을 수도 있기 때문이다. 마찬가지로 지금 어떤 분야에 능력이 있다고 해서 그 분야가 반드시 적성에 맞는다고 단정할 수도 없다.

그럼 여기서 나의 적성은 어떠한지 과학적으로 알아보자.

다음은 내가 어느 분야에 적성이 맞는지를 알아보는 테스트이다.

각각의 문항이 자신을 얼마나 잘 나타내고 있는지 체크해 보자.

매우 동의한다: 3점　　　어느 정도 동의한다: 2점

조금 동의한다: 1점　　　전혀 동의하지 않는다: 0점

<A>

1) 나는 다른 사람을 보살펴 주길 좋아한다..........................(　)

2) 나는 다른 사람들 앞에 나서서 이야기하길 좋아한다.........(　)

3) 나는 다른 사람들을 교육하거나 지도하는 일이 즐겁다.....(　)

4) 나는 조직 규범에 맞춰 다른 사람을 이끄는 능력이 있다..(　)

5) 나는 다른 사람에게 '이래라 저래라' 시키길 좋아한다.....(　)

6) 나는 다른 사람을 설득하는 능력이 있다..........................(　)

7) 나는 다른 사람들의 말을 잘 들어 주고

그들의 문제를 잘 해결해 준다.......................................(　)

8) 나는 내 생각대로 다른 사람을 움직일 수 있다고 생각한다...(　)

9) 나는 무슨 일이든지 개인보다는 조직적으로

움직이려고 한다..(　)

10) 나는 어떤 일에 실패해도 쉽게 좌절하지 않고

다시 도전하는 편이다..(　)

A점수 합계　　　점

<B>

1) 나는 집이나 사무실에 있기보다는

밖에서 하는 일을 좋아한다...(　)

2) 나는 일정한 목표를 세워 놓으면 그것을 달성하려고

상당히 노력한다...( )

3) 나는 노력한 만큼 얻을 수 있다고 생각한다.....................( )

4) 나는 새로운 사람을 만나 인간관계를 맺는 것을 즐긴다....( )

5) 나는 어떤 목표를 세워 놓고 다른 사람과

  경쟁하는 것을 좋아한다...( )

6) 나는 콤플렉스가 없는 편이다.......................................( )

7) 나는 시작보다는 끝이 더 중요하다고 생각한다................( )

8) 나는 일정한 월급보다는 일한 만큼 더 받을 수 있는

  성과급제가 좋다고 생각한다......................................( )

9) 나는 스스로 목표를 세우고 실천하길 좋아한다................( )

10) 나는 다른 사람의 마음을 잘 읽고 파악할 줄 안다...........( )

  B점수 합계   점

<C>

1) 나는 정보 수집이나 자료 관리 능력이 뛰어나다................( )

2) 나는 앞에 나서기보다는 뒤에서 챙기는 역할을 좋아한다..( )

3) 나는 충동적이지 않고 신중한 편이다..............................( )

4) 나는 다른 사람이 뭐라고 하든지

  내가 하고 싶은 일을 하는 편이다...............................( )

5) 나는 이따금 주위 사람들로부터 너무 추상적으로

  생각한다는 말을 듣는 편이다......................................( )

6) 나는 미래를 분석하고 그에 맞는 대처 방안을

  미리 준비하는 편이다..( )

7) 나는 직접 행동하기보다는 생각과 말에 그치는 경우가 많다..( )

8) 나는 다른 사람의 말이나 조직 규범을

　　잘 따르지 않는 편이다..(　　)

9) 나는 직접 해 보라고 하면 잘하지 못하지만 다른 사람들이 잘

　　하는 것인지 못 하는 것인지를 비할 만한 능력은 있다.....(　　)

10) 나는 다른 사람의 부하가 되는 것이 싫지만 그렇다고 독자적

　　으로 무엇을 추진할 만한 능력이 있다고 생각하지는 않는

　　다...(　　)

　　C점수 합계　　점

<D>

1) 나는 사물과 현상을 논리적으로 분석하길 좋아한다...........(　　)

2) 나는 한 가지 일에 빠지면 시간 가는 줄 모르고 몰입한다..(　　)

3) 나는 실험실이나 연구실에서 하는 일을 좋아한다..............(　　)

4) 나는 사람을 만나기보다는 혼자서 하는 일을 즐긴다.........(　　)

5) 나는 혼자 있어도 지루하거나 고독하지 않다....................(　　)

6) 나는 공부나 일을 여럿이 모여서 하기보다는 혼자서 할 때 생

　　산성이 더 높다...(　　)

7) 나는 무언가를 만들고 발명하는 데 소질이 있다................(　　)

8) 나는 누군가로부터 명령을 받거나 지시를 받길 싫어한다..(　　)

9) 나는 항상 새로운 것을 추구하고 도전한다........................(　　)

10) 나는 다른 사람들로부터 이기적이고 괴짜라는 평가를 자주

　　듣는다...(　　)

　　D점수 합계　　점

<E>

1) 나는 꼼꼼하게 영수증을 챙기고
   장부 정리를 잘하는 편이다...(   )
2) 나는 자료 정리를 잘해 필요한 것을 찾을 때
   허둥대는 일이 없다..(   )
3) 나는 사람을 직접 만나기보다는 전화나 컴퓨터 통신,
   우편을 이용하길 좋아한다...(   )
4) 나는 변화가 많은 직장보다는 지루하더라도
   안정적인 직장이 좋다고 생각한다...................................(   )
5) 나는 다른 사람이나 회사를 위해서라면 자신의 권리와 이익이
   침해받을 수도 있다고 생각한다......................................(   )
6) 나는 다른 사람, 돈, 정보를 통합해서 전체적으로 활용할 줄
   안다...(   )
7) 나는 학교나 회사의 규범을 잘 지키는 편이다...................(   )
8) 나는 인간관계가 원만해서 다른 사람들과 잘 어울린다.....(   )
9) 나는 어떤 일을 계획하고 기안하는 일을 좋아한다.............(   )
10) 나는 공부나 일을 할 때 다른 사람들과
    협력해서 하길 좋아한다...(   )

   E점수 합계   점

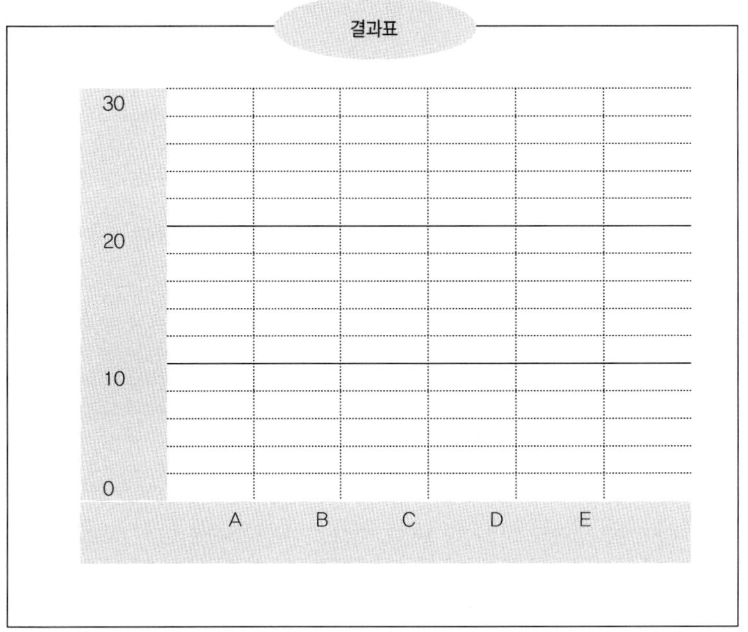

3. 나는 이런 사람

A타입 → 경영자형

위의 테스트에서 A 점수가 가장 높게 나오고, 그 점수가 20점 이상이라면 당신의 적성은 경영자 또는 관리자 분야이다(manager type). 사람들 앞에 나서길 좋아하며, 다른 사람을 지도 감독하는 일에 소질이 있는 편이다. 경영이나 리더십 분야에 관심을 가지고 자기 분야에 필요한 능력을 쌓으면 사회의 리더 그룹에 속할 수 있을 것이다. 그러나 지나치게 자신을 신뢰하고 집단을 이끌려고 하는 경향이 있기 때문에 자칫하면 독선이나 독재로 흐를 수도 있다.

그러니 다른 사람의 입장에 서서 상대방의 입장을 배려하고, 자기의 자존심보다는 전체를 생각할 줄 아는 훈련이 필요하다.

이 분야에 적성이 있는 사람들은 평소 인맥을 잘 관리하고, 다른 사람의 이익을 고려하고, 정보 수집 능력을 키울 필요가 있다. 경영자는 가능하면 심리학, 경영학, 정치학, 사회학과 같은 문과 계통을 선택하는 게 도움이 될 것이다.

B타입 → 영업형

테스트에서 B가 점수가 가장 높게 나오고 그 점수가 20점 이상이라면 당신의 적성은 직접 발로 뛰는 영업분야이다. 사무실에 앉아 있기보다는 사람들 만나는 것을 좋아하고, 남과 경쟁하길 좋아하고, 스스로 목표를 세워 실천할 수 있는 능력을 가지고 있기 때문에 자기가 노력한 만큼 얻을 수 있는 영업 분야에 종사하면 좋을 것이다.

과거와는 달리 영업분야는 단순히 시간과 몸으로 때워도 되는 분야가 아니라 우리나라 직장인들 중에 고액 소득자들은 모두 자동차, 보험 설계 등과 같이 영업 분야에 종사하는 이들이다. 영업은 단지 사교적이고 외향적인 성격이라고 해서 적성에 맞는 것은 아니다. 스스로 자기의 능력을 계발하고 정보를 잘 수집 분석해서 고객을 효과적으로 관리할 수 있는 사람만이 영업 분야에서 성공할 수 있다.

이 분야에서 성공하려면 유통, 마케팅, 인간관계론, 심리학, 경영학을 공부해야 함은 물론 고객관리 능력, 패인 분석 능력, 높은 EQ

수준이어야 한다. 영업에 성공하려면 자기가 취급하는 제품에 관한 지식이 전제되어야 하고, 문과나 이과 계통을 구분할 필요는 없지만 기본적으로 사회과학, 인문과학 쪽으로 공부하는 게 도움이 될 것이다.

C타입 → 기획형

테스트에서 C 점수가 가장 높게 나오고, 그 점수가 20점 이상이라면 당신의 적성은 기획과 조정분야이다(planning type). 직접 발로 뛰는 것을 좋아하지 않고, 나서길 좋아하진 않지만 잘 갖춰진 조직에서 새로운 일을 기획하는 능력이 뛰어나다.

그러나 새로운 아이디어를 사업이나 실천에 옮기는 능력에는 한계가 있기 때문에 이런 유형의 사람들은 훌륭한 리더를 만나 자신의 아이디어를 실행하는 게 좋다. 이 분야에 소질이 있는 사람들은 리더가 될 기회가 있어도 잘 나서지 않고 차라리 자유로운 행위자가 되는 것을 더 좋아한다. 그러나 자칫하면 너무 추상적이라서 실행이 불가능하거나 생각과 말만 앞설 수 있다.

그래서 이런 분야에 종사하려면 정보 수집 능력, 정보 분석 능력, 기획 능력, 창의력을 키우고, 그것을 바탕으로 자신의 아이디어를 직접 실행할 수 있는 능력을 키워야 한다. 그리고 추상적으로만 생각하지 말고 좀 더 구체적인 수치를 제시하고 합리적으로 생각하는 습관을 키우면 큰 도움이 될 것이다. 이런 적성의 소유자들은 조직의 참모, 기획실, 이벤트 기획, 방송국, 정치, 홍보, 출판 분야에 종사하는 게 좋다.

D타입 → 연구개발형

테스트에서 D 점수가 가장 높고, 그 점수가 20점 이상이라면 당신의 적성은 연구계발분야이다(research & development type). 연구개발분야는 문과나 이과를 막론하고 실험실이나 연구실에서 한 가지에 몰두할 수 있는 능력과 무언가를 새롭게 창조할 줄 아는 능력이 필요하다. 혼자 있어도 외롭지 않고, 인간관계에 구애받지 않으면서 자기의 일에 몰두할 수 있어야 한다.

그러나 한 가지 주의해야 할 점은 연구개발에만 몰두한다고 사고가 실험실에만 국한되어서는 안 된다는 것이다. 아무리 좋은 연구개발이라도 그 결과를 사회 현실에 적용할 줄 알아야 하고, 그것을 사업으로 연결시킬 수 있어야 한다. 그래서 정부나 기업 또는 재단, 대학의 후원을 받아 연구를 할 줄 아는 능력도 필요하다. 자칫하면 실컷 좋은 연구 결과물을 내놓고도 남 좋은 일만 시킬 수도 있다.

이 분야에 종사하려는 사람들은 자신을 조절할 줄 아는 능력과 지적이고 창조적인 일에 인내심을 갖고 도전할 줄도 알아야 한다. 실험을 많이 하는 이과 계통이 바람직하고, 물리, 화학, 기초 의학, 약리학, 한의학, 생리심리학, 컴퓨터 공학 등을 공부하는 게 좋다.

E타입 → 사무형

테스트에서 E 점수가 가장 높게 나오고, 그 점수가 20점 이상이라면 당신의 적성은 사무 분야이다(office worker type). 전형적인 샐러리맨들이 이 유형에 속한다. 이들은 조직에 충실하고 상명하복에 적합한 사람들이며, 안정을 바라고 사회와 조직 규범을 잘 지킨다.

그리고 자신보다는 조직과 조직구성원을 우선적으로 고려할 줄도 안다. 사무형은 문과나 이과 계통을 모두 선택할 수 있으며, 과거와는 달리 적극적으로 자신의 업무를 수행할 수 있어야 한다.

자신의 업무를 잘 수행하기 위해서는 자신의 분야에 필요한 능력과 다른 부서의 업무 파악은 물론 다른 부서원들과 효과적인 커뮤니케이션도 할 줄 알아야 한다. 조직의 다른 구성원들을 존중하고, 명확한 지시와 명령을 할 수 있도록 자기 의사 표현을 분명히 하는 습관을 길러야 한다. 평소 컴퓨터, 회계, 조직관리, 조직개발, 리더십, 커뮤니케이션에 관한 공부를 해 두면 도움이 될 것이다.

4. 적성에도 균형이 필요하다

우리 속담에 "나무에 잘 오르는 놈은 나무에서 떨어지고, 헤엄 잘 치는 놈은 물에 빠져 죽는다."는 말이 있다. 어떤 분야에 적성이 있다고 해서 그 분야에만 흥미를 느끼고 그 분야에만 몰두하는 것은 바람직하지 않다. 21세기는 전문가의 시대라고 하지만 외곬으로 한 분야에만 몰두하다가는 자칫 나무에서 떨어지고 물에 빠져 죽을 수도 있다. 그러므로 자신의 적성을 발견하고 계발하는 것 이상으로 중요한 게 자신의 적성과 반대되는 특성을 의식적으로 계발하는 것이다.

사람들은 일부러 노력하지 않아도 자신의 적성에 맞는 분야에는 몰입하게 된다. 그러나 자기가 좋아하는 음식을 편식하는 것이 좋지 않은 것처럼 자기가 소질 있는 적성 분야에만 몰두하는 것도 좋지 않다. 의식적으로라도 자기 적성과 반대되는 적성에 관심을 기울여야 한다. 가령 사무형 적성을 가진 사람은 경영자형이나 연구계발형의 장점을 배우고 기획형 적성을 가진 사람은 영업형이나 연구계발형의 장점을 배워 자칫 한쪽으로 치우치기 쉬운 삶에 균형을 맞춰 주는 게 좋다.

5. 젊음아! 나를 알고 시작하자

사람들이 세상을 배우는 원리는 크게 두 가지로 나누어진다. 하나는 경험을 통해 행동으로 배우는 시행착오 학습이다. 담배 맛을 알아보려고 직접 담배를 피우고, 수학 문제를 풀기 위해 이렇게도 풀어 보고 저렇게도 풀어 보고, 기술을 배우기 위해 실패를 거듭하며 세상을 배운다. 실패는 성공의 어머니이다. 사람들은 실패를 거울삼는 시행착오를 통해 세상을 배운다.

다른 하나는 생각을 통해 머리로 배우는 인지 학습이다. 차가 막혔을 때 다른 길로 돌아가기 위해 우리는 이 골목 저 골목을 헤매지 않는다. 머릿속으로 생각하고 나서 안 막히는 길을 선택하고 행동한다.

그리고 죄를 지으면 벌을 받는다는 것을 알기 위해 직접 행동하지 않아도 된다. 다른 사람들이 죄를 짓고 벌을 받는 것을 관찰하는 것만으로도 충분히 세상을 배울 수 있기 때문이다. 이처럼 머릿속에서 일어나는 사고 과정인 인지를 통해서 세상을 배우는 것이다.

그렇다면 젊은이들은 어떻게 세상을 배워야 할까. 아니면 책이나 영화 속의 주인공을 보면서, 그도 아니면 사색을 통해 세상을 깨우쳐 볼까. 세상을 제대로 알려면 두 가지 방법을 모두 사용해야 한다.

그래서 지나치게 시행착오를 하는 젊은이들은 잠시 행동과 방황을 멈추고 자신과 자신이 처한 상황, 능력, 적성을 파악하고 다른 사람들은 어떻게 사는지를 관찰할 필요가 있다. 반대로 지나치게 책과 사유에만 빠져 있는 젊은이들은 잠시 생각하는 것을 멈추고 시행착오를 경험해 보는 게 좋다. 한 가지 방법만으로 세상을 배우면 세상의 반쪽밖에 볼 수 없다. 때로는 시행착오를 통해, 때로는 깊은 통찰을 통해 세상을 배워야만 온전한 세상을 다 볼 수 있다.

열정과 에너지가 넘치는 젊은이들은 질풍노도처럼 시행착오를 통해 세상을 배우는 것에 가치를 두려고 한다. 물론 그런 시도와 방황은 필요하다. 하지만 무작정 무언가를 시도하고 방황하는 것만이 능사는 아니다. 때로는 잠시 멈춰 서서 자신을 분석하고 자신의 삶의 계획을 세운 다음에 행동할 필요가 있다. 그리고 행동하다가 안 되면 또 사유하고 관찰하는 시간을 가져야 한다. 그런 조화가 잘 이루어지는 젊은이들이야말로 삶을 창조적이고 아름답게 가꿔 나갈 수 있을 것이다.

Theme 6
Game(2) 인격개발게임

멘토링은 인간의 특성을 연구하고 그 역량을 개발하여 차세대 리더로 세우는 일이다. 그러므로 인간성장을 중심으로 하는 멘토링의 핵심내용은 바로 최초 멘토가 20년 동안 교재로 수학(知), 철학(情), 논리학(意)을 사용한 데서 기인하며 오늘날 인격(Character)을 상징한다.

그러므로 멘토의 존재 이유는 전인적인 삶의 조언자 역할을 하기 위함이다. 먼저 성격의 가치개발을 통하여 상호간 관계촉진을 도모하고 인격을 주제로 하는 Star Game 기법으로 멘토/멘제 상호간 점검하여 창의개발게임인 Brain Game을 활용하여 멘토링 활동기간에 상호간 인격지수를 업그레이드하는 프로그램이다.

Index

1장 Lynchpin Game – 성격개발게임

2장 Star Game – 인격개발게임

3장 Brain Game – 창의개발게임

게임 1

Lynchpin 성격개발게임

－린치핀 게임(Lynchpin Game)에서 제일 중요한 사항은 멘토와 멘제 상호간에 성격을 파악한 후에 바람직한 대응과 피해야 할 대응을 제대로 해 주는 것이다. 그렇게만 한다면 상호 좋은 관계를 유지할 수 있을 것이다.

1) 바람직한 대응－이런 내용을 접하게 되면 엔도르핀이 나와 더욱 좋은 분위기에서 실적이 향상된다.

2) 피해야 할 대응－이런 내용을 접하게 되면 스트레스를 받고 침울해지며 좋은 실적을 낼 수 없다.

게임 결과에 따라서 멘토와 멘제의 연결에서 같은 성격끼리 연결해 주고(Best Pair), 인원수가 맞지 않을 경우에는 보완 성격끼리 연결(Gold Pair)해 준다.

* 성격 찾기 4가지 유형

　　D ominate Style (적극형)

　　F acilitating Style (친절형)

　　A nalytical Style (계산형)

　　C ontroling Style (관리형)

1. 성격 찾기 Workshop

1) 이 설문항목은 4가지 행동유형에서 강점과 약점을 선별할 수 있다.

2) 가능한 4개 중에서 1개씩 선택하시오.

3) 전체 68항목 중에서 17항목에 ○표 하시오(강점 1~40 약점 41~68).

NO	설문항목	○표	NO	설문항목	○표
1	친구들에게 적극적으로 나선다.		25	큰 뜻을 품는다.	
2	함께 지지하고 협력적이다.		26	끼리끼리 소집단 활동을 즐긴다.	
3	부지런하며 성적이 우수하다.		27	학습자료를 수집한다.	
4	이익이 되는 일을 한다.		28	시간에 정확하다.	
5	모든 일에 열심히 한다.		29	만사에 바로 반응한다.	
6	가까이하기 쉽고 친하기 쉽다.		30	부드럽게 풀어 간다.	
7	꼼꼼한 성격이다.		31	맡은 일에 책임감이 강하다.	
8	열심히 일한다.		32	간결하고 낭비가 적다.	
9	항시 활기찬 모습이다.		33	미래를 염두에 둔다.	
10	사교술이 능숙하다.		34	분위기 조성을 잘한다.	
11	앞과 뒤 순서를 잘 챙긴다.		35	시간 등 자기 관리를 잘한다.	
12	행동이 민첩하고 신속하다.		36	매사 남보다 적극적이다.	
13	친구와 원만하게 지낸다.		37	개방적이고 놀기를 좋아한다.	
14	코치나 상담에 능숙하다.		38	친구의 기분을 이해한다.	
15	내용이나 질을 중요시한다.		39	숫자를 가지고 분석하기를 좋아한다.	
16	책임감이 강하다.		40	자기 스스로 움직인다.	
17	자기에게 관심 갖게 한다.		41	엉뚱한 데가 있다.	
18	마음이 부드럽다.		42	결정을 주저주저한다.	
19	문제 발견에 흥미를 느낀다.		43	부드럽지 못하고 딱딱하다.	
20	목표 달성을 중요시한다.		44	친구에 대한 배려가 부족하다.	
21	직관과 영감을 중요시한다.		45	시간을 잘 못 지킨다.	
22	개인적으로 정보에 강하다.		46	자기주장이 약하다.	
23	이론보다 사실을 중요시한다.		47	결정을 내리는 데 시간이 걸린다.	
24	도중에 포기하지 않는다.		48	억지를 부린다.	

NO	설문항목	○표	NO	설문항목	○표
49	감정풀이를 자주한다.		61	차근차근 책 읽기를 싫어한다.	
50	일에 대한 관심이 희박하다.		62	신속하지 못하다.	
51	힘 있게 밀어붙이지 못한다.		63	모험을 꺼린다.	
52	말투를 거칠게 한다.		64	무리한 성적 목표를 세운다.	
53	기분이 변하기 쉽다(싫증나기 쉽다.)		65	매사를 논리적으로 생각하기 싫어한다.	
54	친구 일에 너무 신경을 쓴다.		66	앞장서지 않고 주위를 살핀다.	
55	혼자 일을 한다.		67	친구들과 사귐이 부족하다.	
56	지나치게 자기중심적이다.		68	차가운 성격이다.	
57	정리, 정돈이 서툴다.				
58	앞서 생각하거나 모험을 하지 않는다.				
59	얼굴 표정이 굳어져 있다.				
60	안색, 목소리, 표정이 빈약하다.				

2. 성격유형 구분표

68개 설문항목에서 ○표 한 번호를 아래에서 다시 ○표 하라. 그러면 자신의 성격유형을 알 수 있다.

Dominate Style(적극형)	Facilitating Style(친절형)
1, 5, 9, 13, 17, 21, 25, 29, 33, 37, 41, 45, 49, 53, 57, 61, 65	2, 6, 10, 14, 18, 22, 26, 30, 34, 38, 42, 46, 50, 54, 58, 62, 66
Analytical Style(계산형)	Controling Style(관리형)
3, 7, 11, 15, 19, 23, 27, 31, 35, 39, 43, 47, 51, 55, 59, 63, 67	4, 8, 12, 16, 20, 24, 28, 32, 36, 40, 44, 48, 52, 56, 60, 64, 68

3. 멘토제 연결 Lynchpin 원칙

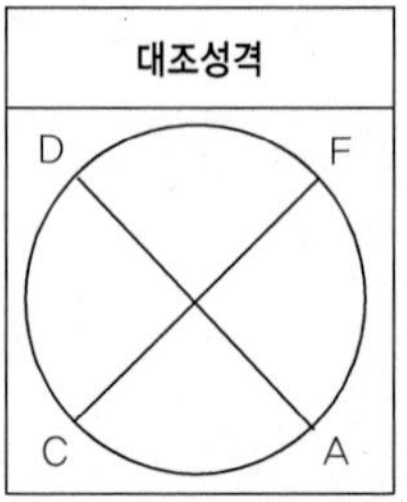

4. 4가지 유형의 특성분석 및 대응방안

적극형(Dominate)

D	F
C	A

1) 적극형(Dominance Style)의 특성

적극형(Dominance)인 청소년은 매사에 적극적이며, 자신은 물론 남도 잘 부추긴다. 친구들과 이야기하기를 즐기고, 늘 주변에 활발한 분위기를 만든다.

주변 친구들과 좋은 대화를 나누면서 일을 앞장서서 하지만, 주도권을 잡는 데도 관심을 기울여, 색다른 일을 찾아 위험을 무릅쓰고 문제 해결에 힘쓴다.

일반적인 특징을 정리해 보면

① 외향적　　② 정열적　　③ 설득적

④ 사교적　　⑤ 자발적이라 하겠다.

※ 이 청소년의 행동은 인정받기(Recognition) 욕구에 의거하고 있다.

[강점]	**[약점]**
① 친구들에게 적극적으로 나선다.	① 엉뚱한 데가 있다.
② 모든 일에 열심히 한다.	② 시간을 잘 못 지킨다.
③ 항시 활기찬 모습이다.	③ 감정풀이를 자주 한다.
④ 친구와 원만하게 지낸다.	④ 기분이 변하기 쉽다(싫증나기 쉽다).
⑤ 자기에게 관심 갖게 한다.	⑤ 정리, 정돈이 서툴다.
⑥ 직관과 영감을 중요시한다.	⑥ 차근차근 책 읽기를 싫어한다.
⑦ 큰 뜻을 품는다.	⑦ 모든 일에 차분히 생각하지 않는다.
⑧ 만사에 바로 반응한다.	
⑨ 미래를 염두에 둔다.	
⑩ 개방적이고 놀기를 좋아한다.	

2) 적극형의 대응

(1) 기본욕구

[인정]   [칭찬]

(2) 바람직한 대응

① 흉금을 터놓기 위해 가볍고 즐겁게 이야기를 시작한다.

② 친구들을 추켜세우거나, 최대한 관심을 표시한다.

③ 어떤 일이든 크고 넓게 논의한다.

④ 열심을 내어 신속하게 큰 소리로 이야기한다.

⑤ 다른 친구나 선생님의 의견을 인용한다.

⑥ 커다란 관점에서 이야기를 전개한다.

⑦ 목표를 정하고 달성을 위해 무척 노력한다.

⑧ 남과 경쟁하기를 좋아한다.

⑨ 친구들의 꿈이나 아이디어에 관심을 표명한다.

(3) 피해야 할 대응

① 소극적이며 인정 없는 태도를 취하지 않는다.

② 자질구레한 이야기는 피한다.

③ 원리, 원칙이나 규칙을 고집하지 않는다.

④ 상대방을 비판하거나 설득하지 않는다.

⑤ 좋고 나쁨, 사실, 숫자 등을 고집하지 않는다.

⑥ 공부만을 따지는 이야기가 되지 않게 한다.

(4) 자주 써야 할 말

① 일의 신속성　　② 새로운 일　　③ 남과 다름

④ 주위 영향력　　⑤ 이미지　　　⑥ 친구들

친절형(Facilitating)

D	F
C	A

1) 친절형(Facilitating Style)의 특성

친절형(Facilitating)인 청소년은 무엇보다도 개인적인 연관을 중시
한다. 옆에서 보노라면 차분한 가운데 부드럽고 성실하며 소극적이
나, 따뜻하고 인정이 많아 보여 가까이하기 쉬운 사람이라는 느낌

이 든다.

끼리끼리를 중시하여 친구들과 함께 일하기를 좋아하지만, 모험을 별로 하려 들지 않는다. 무엇보다도 책임을 다 함께 지고 싶어한다.

친구와의 관계를 쌓는 데에 관심이 있으며, 결정을 할 때에는 친구나 선생님들로부터 지원을 요청한다. 일반적인 특징을 정리해 보면

① 지지적   ② 협력적   ③ 사교적

④ 인내심이 강하다   ⑤ 충실하다

※ 이 사람의 행동은 타인 용납(Acceptance) 욕구에 의거하고 있다.

<table>
<tr><td colspan="2" align="center">[강점]</td><td colspan="2" align="center">[약점]</td></tr>
<tr><td>①</td><td>함께 지지하고 협력적이다.</td><td>①</td><td>결정을 주저주저한다.</td></tr>
<tr><td>②</td><td>가까이하기 쉽고, 친하기 쉽다.</td><td>②</td><td>자기주장이 약하다.</td></tr>
<tr><td>③</td><td>사교술이 능숙하다.</td><td>③</td><td>일에 대한 관심이 희박하다.</td></tr>
<tr><td>④</td><td>코치나 상담에 능숙하다.</td><td>④</td><td>친구 일에 너무 신경을 쓴다.</td></tr>
<tr><td>⑤</td><td>마음이 부드럽다.</td><td>⑤</td><td>앞서 생각하거나 모험을 하지 않는다.</td></tr>
<tr><td>⑥</td><td>개인적인 정보에 강하다.</td><td>⑥</td><td>신속하지 못하다.</td></tr>
<tr><td>⑦</td><td>끼리끼리 활동을 즐긴다.</td><td>⑦</td><td>앞장서지 않고 주위를 살핀다.</td></tr>
<tr><td>⑧</td><td>어떤 일이든 부드럽게 들어간다.</td><td></td><td></td></tr>
<tr><td>⑨</td><td>분위기 조성을 잘한다.</td><td></td><td></td></tr>
</table>

⑩ 친구의 기분을 이해한다.

2) 친절형의 대응

(1) 기본욕구

　　[용납]　　　[수용]

(2) 바람직한 대응

① 흉금을 터놓은 분위기로 개인에 관계된 이야기로부터 들어간다.

② 일대일로 대응하고, 개인적인 관심이나 목표를 끌어낸다.

③ 친구에게 말을 시켜 의견을 끌어낸 뒤, 그의 말에 귀를 기울인다.

④ 친구가 협력해 준 것에 대해서 감사를 표시한다.

⑤ 친구에게 불안감이나 염려를 끼쳤다면 이를 제거한 뒤 격려한다.

⑥ 친구나 선생님께 자연스러운 분위기에서 목표 달성을 협의하고 의논한다.

⑦ 온화한 부드러운 말씨로 이야기한다.

⑧ 친구들의 생각을 적극적으로 받아들인다.

⑨ 결단을 내리는 데에 주저한다.

(3) 피해야 할 대응

① 일에 관한 이야기를 곧바로 하지 않는다.

② 냉담한 태도, 무관심한 태도를 나타내지 않는다.

③ 논리나 책략으로 반론을 피지 않는다.

④ 지배적으로 군림하거나 과도한 요구는 하지 않는다.

⑤ 갈등을 빚지 않는다.

⑥ 곧바로 결론을 이끌어 내지 않는다.

(4) 자주 써야 할 말

① 인정 ② 봉사 ③ 끼리끼리 팀 ④ 성실 ⑤ 대화 ⑥ 가정

계산형(Analytical)

D	F
C	A

1) 계산형(Analytical Style)의 특성

계산형(Analytical)인 청소년은 목표를 향해 착실히 추진해 나감을 즐거워한다.

행동은 언제나 냉정, 침착하고 차분하며, 소극적인데다가 규칙적인 반면, 독립심은 강하다. 일에 있어서는 체계적이며 사실에 입각한 접근을 중시하고, 정보나 데이터를 수집, 분석하기를 좋아하며 모험은 최소한으로 한다.

친구나 선생님과의 관계는 감정을 드러내지 않고 결단을 내릴 때는 확률이나 확증을 늘 염두에 두고 행한다.

일반적인 특징을 정리해 보면

① 논리적   ② 완벽주의   ③ 사실중시

④ 신중함을 들 수 있다.

※ 이 사람의 행동은 안전 제일(Security) 욕구에 의거하고 있다.

[강점]   [약점]

[강점]	[약점]
① 부지런하며 성적이 우수하다.	① 부드럽지 못하고 딱딱하다.
② 꼼꼼한 성격이다.	② 결정을 내리는 데에 시간이 걸린다.
③ 앞과 뒤 순서를 잘 챙긴다.	③ 힘 있게 밀어붙이지 못한다.
④ 내용이나 질을 중요시한다.	④ 혼자 일을 한다.
⑤ 문제발견에 흥미를 느낀다.	⑤ 얼굴표정이 굳어져 있다.
⑥ 이론보다 사실을 중시한다.	⑥ 모험을 꺼린다.
⑦ 학습자료를 수집한다.	⑦ 친구들과 사귐이 부족하다.
⑧ 맡은 일에 책임감이 강하다.	
⑨ 시간 등 자기관리를 잘한다.	
⑩ 숫자를 가지고 분석하기를 좋아한다.	

2) 계산형의 대응

(1) 기본욕구

[안전]　　[정보]

(2) 바람직한 대응

① 일에 관한 이야기로부터 들어간다.

② 신중하게 천천히 진행된다.

③ 데이터, 자료 등 사전준비는 완벽하게 하여 대응한다.

④ 충분한 시간을 갖고 차근차근 이야기한다.

⑤ 구체적이고 사실적인 정보를 중요시한다.

⑥ 친구에게 생각할 수 있는 시간을 충분히 준다.

⑦ 뜻밖의 결과가 나오지 않게 하고, 모험이 적은 편이다.

⑧ 차근차근 조리 있게 설명한다.

⑨ 결론은 메모나 서면으로 남겨 둔다.

(3) 피해야 할 대응

① 친구와 혼란될 만한 이야기는 피한다.

② 너무 과장된 이야기는 하지 않는다.

③ 추켜세우거나 너무 친숙하게 이야기하지 않는다.

④ 다른 사람이나 저명인사의 의견을 사용하지 않는다.

⑤ 꾀를 부리거나 교묘한 수단을 쓰지 않는다.

⑥ 결정하는 일을 서둘지 않는다.

(4) 자주 써야 할 말

① 학습자료　② 신뢰, 행동　③ 책임감

④ 이익, 손해 ⑤ 신속　　　⑥ 정확

관리형(Controling)

D	F
C	A

1) 관리형(Controling Style)의 특성

관리형(Controling)인 청소년은 학습의욕이 강하고 솔선수범하고, 좋은 성적을 내는 데 관심이 높다. 행동은 신속하고, 기회가 주어지면 남을 밀어제치고서라도 자기의 목표를 관철시킨다. 혼자서 일을 하거나 남을 지도하여 일을 하게 하기를 좋아한다. 경쟁심도 남보다 앞선다.

다른 사람과의 관계는 솔직한 편이고, 대화의 내용은 학습에 관계되는 일을 주로 한다.

일반적인 특징을 정리해 보면
① 자립심   ② 솔직함   ③ 결단성
④ 실리주의   ⑤ 능률 등을 들 수 있다.
※ 이 사람의 행동은 목표 달성(Achievement) 욕구에 의거하고 있다.

[강점]	**[약점]**
① 이익이 되는 일을 한다.	① 친구에 대한 배려가 부족하다.
② 열심히 일한다.	② 억지를 부린다.
③ 행동이 민첩하고 신속하다.	③ 말투가 거칠다.
④ 책임감이 강하다.	④ 지나치게 자기중심적이다.
⑤ 목표 달성을 중시한다.	⑤ 안색, 목소리, 표정이 빈약하다.
⑥ 도중에 포기하지 않는다.	⑥ 무리한 성적 목표를 세운다.
⑦ 시간에 정확하다.	⑦ 차가운 성격이다.
⑧ 간결하고 낭비가 적다.	
⑨ 매사에 남보다 적극적이다.	
⑩ 자기 스스로 움직인다.	

2) 관리형의 대응

(1) 기본욕구

　　[성취]　　[효율]

(2) 바람직한 대응
① 학습에 관한 이야기를 중심적으로 한다.
② 간결하고 알기 쉽게 이야기한다.
③ 시간을 정확히 지킨다.
④ 열성적으로 신속하게 이야기한다.
⑤ 목표와 결과를 늘 분명히 한다.
⑥ 친구의 의견을 존중하고 따른다.
⑦ 까다롭게 많은 조건을 붙이지 않는다.
⑧ 목표 달성 예측을 숫자로 표시하기 좋아한다.
⑨ 가장 중요한 사실을 골라 남을 설득시킨다.

(3) 피해야 할 대응
① 시간낭비는 피한다(두서없이 지루하게 말하지 않는다).
② 사사로운 문제를 내놓지 않는다.
③ 지시, 명령, 충고하는 말투를 쓰지 않는다.
④ 의문스러운 점이나 불명확한 점을 남기지 않는다.
⑤ 결론을 먼저 내지 않는다.
⑥ 학습내용 이외의 말은 가능한 안 한다.

(4) 자주 써야 할 말
① 결단　② 시간　③ 목표　④ 이익　⑤ 성공　⑥ 통솔력

Star Game 인격개발게임

많은 사람들이 지도력이란 남을 잘 다루는 능력이라고 생각한다. 하지만 진정한 Mentor는 자신의 역량Competency)을 최대로 발휘하여 Menger가 맡겨진 일을 바르게 잘 처리할 수 있게 해 줄 수 있는 사람이라고 하겠다.

그래서 Star game은 Mentor가 Menger를 일대일로 개발하고 차세대 리더로 세우는 처음 단계이다. 특히 Menger의 오늘날 인격의 가치를 찾고 그것이 토대가 되어 미래의 인격과, 인간의 참모습의 가치를 찾아가는 상호 아름다운 여행의 첫 발걸음이 되는 것이다.

1) Hightouch (마음)

2) Hightech (지식)

3) Highhealth (건강)

4) Highcontrol (관리)

5) Highrelation (관계)

1. Star Game 자기가치 찾기 5

멘토링코리아에서는 멘토링 활동에 참여하는 청소년들에게 자기를 찾기 위한 방법으로 다음의 다섯 가지 인격의 가치 요소를 설정하고 스스로 개발하려고 노력할 수 있도록 권장한다.

1) 마음(Hightouch) 가치

긍정적이고 적극적인 사고를 하며, 구체적 대안(代案)을 가지고 담대한 행동을 한다. 이를 통해 신뢰를 얻고 존경을 받으며 다른 사람들의 사기 저하를 막고 두려움과 좌절감에서 벗어나며, 그들로 하여금 최대의 능력을 발휘할 수 있게 하는 것이다.

2) 건강(Highhealth) 가치

건강이란 단순히 신체적인 건강뿐만을 뜻하는 것이 아니라 맑은 마음을 유지함으로 정신적으로도 건강을 인정받을 수 있는 사람을 말한다.

3) 지식(Hightech) 가치

슬기롭게 되기 위해서는 (1) 정보를 신속하고 정확하게 처리할 수 있는 능력을 가져야 한다. 정보를 책상에서가 아니라 일이 벌어지는 현장에서 신속하고 정확하게 받아들이며, 어떤 위기와 혼란의 상황에서도 이를 해결하기 위한 바른 판단력과 결단력을 지니는 것을 말한다. 또한 (2) 날마다 부딪히는 일을 처리하면서 한 부분만이 아니라 먼저 전체를 본 후 부분을 볼 수 있는 능력을 지닌 사람이다. 어떤 상황에서도 전체적인 상황을 잘 알고 그 변화를 민감하게 살피면서 기회를 포착하는 것이다. (3) 외국어를 깊이 있게 이해함으로써 폭넓은 지식을 가진다. (4) 추상적인 상태를 구체화함으로써 제대로 행동할 수 있는 힘을 가진 사람이다. (5) 그리고 자연에 대한 깊이 있는 이해를 통해 자연의 법칙을 알고 적절히 자연의 힘을 활용할 줄 안다. 특히 약점을 극복하는 전략을 세울 수 있다. 자신의 약점이 무엇인지를 항상 파악하기 위해 노력함으로써 현상황에 대한 적응 능력을 극대화한다. 또한 부딪히는 문제(전문분야)에 대한 약점을 파악하고 이에 대처할 수 있는 능력과 이를 주관하고 객관화할 수 있는 능력을 가진다. 아울러 주어진 각 문제들의 유기체적 관계를 이해할 수 있는 전문적 능력을 갖춘 사람이다.

4) 자기관리(Highcontrol) 가치

자기 앞에 여러 가지 일이 놓였을 때 우선순위를 결정하여 행동한다. 이를 통해 일의 행동에 옮길 적당한 시기, 즉 타이밍을 알며 결정적인 시기와 장소, 사람을 파악할 힘이 있다. 아울러 자신의 마음을 다스려 겸손한 마음을 유지하며 남의 말을 수용할 수 있는 너그러움(개방성)을 지닌 사람이다. 이런 열린 마음은 새로운 변화에 적응력을 높여 주며 바른 대응책을 얻게 해 준다. 따라서 융통성을 가지고 주어진 문제에 창조적으로 대처할 수 있다.

5) 인간관계(Highrelation) 가치

더불어 살고자 하니 남을 자신과 동등한 인간으로 생각하며, 다른 사람의 입장에서 생각하므로 동질성을 갖게 하고 신뢰와 존경을 받으며, 그들과 더불어 더 큰 힘을 재창출하는 촉매제의 역할을 할 수 있다. 이러한 지도력을 통해 한 조직의 힘을 극대화할 수 있으며, 어떤 어려움 가운데에서도 이를 이겨 낼 수 있는 힘을 끌어 낼 수 있는 사람이다.

자신의 재능을 최대한 발휘하여 주어진 일들을 바르게 잘 처리하는 Star game의 Mentor들이 이웃을 위해 봉사하고, 사회를 더욱 아름답게 하는 데 기여하며, 21세기의 역사를 이끌어 가는 주역이 될 때 개인과 사회가 행복해질 수 있다.

그런데 우리의 상황은 지식 위주, 성적(석차) 위주의 교육으로 치닫고 있어서 이런 전면적인 교육을 할 수 있는 현실이 아니라고들 한다. 그렇다. 현실이 그렇다. 하지만 어떤 사회를 변화시키고 그 사회를 주도해 가는 사람들은 그 현실을 뛰어넘는 사람들이다. 그렇기 때문에 우리 자신이 실력을 가진 사람이 되도록 힘써야 하며, 주위에 이런 사람들을 Menger로 선별해서 길러야 하는 것이다.

2. Star Game의 멘토상(像)

일대일 멘토링은 단순한 지적 학습과정이 아니다. 사람을 바꾸자는 것이다. 그것은 우리의 교육 대상 — 그들이 경영인이건, 학자건,

주부이건, 직장인이건, 학생이건 — 을 어떤 위치로 한정하여 해석하는 것을 그만두는 것이다. 왜 그런가 하면, 어떤 존재이기 이전에 그는 인간이기 때문이다.

첫 번째, 마음의 힘을 기르기 위해 좋은 내용의 글을 읽고, 느낀 점을 적고, 내가 적용하고 실천해야 할 일들을 적는 시간을 갖는다. 경영자로서 혹은 학생으로서 먼저 자기 마음의 힘을 기를 수 있는 데 시간을 쓸 수 있는 사람이야말로 자신의 달란트를 최대로 발휘할 수 있는 근본적인 힘을 지닌 사람이라고 할 수 있다.

두 번째, 아무리 바쁘고 힘든 일이 있너라도 건강한 몸을 지키기 위해서 매일매일 건강법을 실천하고 그 몸을 성결하게 지킬 수 있어야 한다.

세 번째, 지적인 능력을 극대화하기 위해 지혜 위주의 활동을 하기 위해서 노력하는 사람, 그것을 통해서 진리를 추구할 수 있는 자를 말한다.

네 번째, 자기관리 능력을 갖기 위해서 생애 전체로부터 하루 단위의 시간에 이르기까지 중요한 일을 우선순위로 하여 자기의 시간을 잘 관리할 수 있는 사람이다.

다섯 번째, 성숙한 인간관계를 위해 먼저 자신을 성찰하고, 이웃들을 사랑의 관점으로 바라보며, 그들을 인간으로 해석하고, 달란트를 최대한 발휘할 수 있도록 장점만을 칭찬해 주는 그런 사람이다.

결국 Mentor는 Menger와 함께 Menger의 달란트(재능)를 최대한 발휘함으로써 진리를 탐구하는 데 깨어 있고 이웃을 사랑하고 위로할 수 있는 사람으로, 이러한 인간이라야 21세기의 진정한 차세대 멘토상(像)이라고 할 수 있겠다.

3. Star Game 목적

　멘토링 프로그램의 콘텐츠(Contents)는 인격이다. 최초의 멘토가 20년 동안 교재로 수학(知), 철학(情), 논리학(意)을 사용한 데서 기인하며 오늘날 인격을 상징한다.

　그러므로 멘토의 존재 이유는 전인적인 삶의 조언자 역할을 하기 위함이다. Star Game은 인격을 5가지 주제로 구분하여 멘토/멘제 상호간 점검하여 삶을 개선함으로 인격 지수를 높이고자 하는 프로그램이다. 3개월 단위로 체크하여 멘토/멘제 역량 평가 자료로 활용함이 효과적이다.

1) Star(스타) Game의 목적

(1) 자기가치를 측정하여 인재개발지수(P.D.I)를 파악하고
(2) 강점과 약점을 멘토링 소재로 삼아 그 지수를 업그레이드하여
(3) 멘제를 '21C 차세대 리더 멘토'로 재생산하는 일이다.

2) Star Game의 명칭어원

　한 사람의 인격의 가치를 5가지 주제로 선정하여 체크하고 별(Star)의 5가지 각(角)에 표시할 수 있도록 한 차트를 말한다. 한 사람을 탑 스타(Top Star)로 개발한다는 상징적인 의미도 담았다.

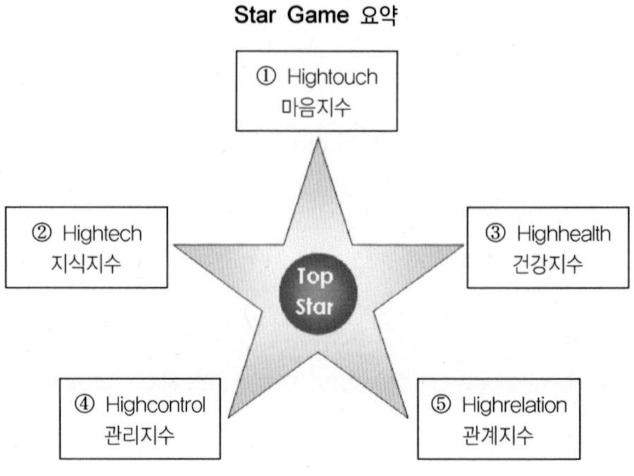

4. Star Game 인재개발지수(PDI)

* PDI – Person Development Index

멘토링에서 사람 개발은 "한 사람인 멘토(Mentor)가 한 사람인 멘제(Menger)에게 자신을 모델(Model)로 한 전인적(全人的)인 삶을 전이(轉移)하는 것"이다.

다시 전인적인 삶을 세분화(細分化)하여 마음부분(Hightouch), 건강부분(Highhealth), 지적부분(Hightech), 자기관리부분(Highselfcontrol), 이웃관계부분(Highrelation)으로 나누었고 각 부분마다 10가지 설문(10설문×2점 만점＝20점)을 선정하여 자기측정 방식으로 개발 기법(Tool)을 채택한 것이다.

여기에서 개인의 인재개발지수(PDI)는 5가지 부분마다 만점 20점을 지수로 하여 실제 자기측정 하여 얻은 점수를 역시 실제 지수로 활용토록 했다.

인재개발지수의 측정목적은 측정한 자료를 멘토와 멘제가 멘토링 활동을 하는 동안에 강점과 약점을 분명히 알 수 있으므로 그에 대한 충분한 대응책을 마련하여 5가지 부분의 지수를 업그레이드할 수 있는 것이다.

결국 멘토링에서 Mentor는 Menger 한 사람을 위해 100% 역량을 발휘하여 그의 개성과 재능(Talent)을 최대한 발휘할 수 있도록 하여야 한다. 더욱 구체적으로 5가지, 즉 마음지수, 건강지수, 지식지수, 자기관리지수, 이웃관계지수 등 그의 인간개발지수(PDI)를 업그레이드해 줄 수 있는 사람이어야 한다.

Star Game 지수목표

지수목표/지수분야		지수별 착안점		인간개발지수
① Hightouch(마음지수)		포용력, 정서력, 봉사헌신력		만점 20점
② Hightech(지식지수)		지식력, 기술력, 정보력,		만점 20점
③ Highhealth(건강지수)		정신과 신체의 건강력		만점 20점
④ Highcontrol(관리지수)		의지, 절제, 판단, 분별력		만점 20점
⑤ Highrelation(관계지수)		조직원 간, 가족 간, 사회활동		만점 20점
				합 100점 중( )
수 81~100	우 61~80	미 41~60	양 21~40	가 0~20

5. Star Game 측정표

□ 개인의 인재개발지수란? '내가 Star(고품격의 인재)로 얼마만큼 개발되었는가.'를 아래 5가지 부분으로 자기(自己)측정 하

는 것이다.

☐ 절대평가이기 때문에 설문에는 어느 것이 맞고 틀리다고 할 필요가 없다. 자기의 삶의 현장에서의 습관과 행동을 그대로 표시하면 된다.

☐ 이 평가지는 남들과 비교하기 위한 것이 아니라 멘토와 멘제가 단지 멘토링 활동에서 인재개발지수를 업그레이드하여 상호간 개인발전을 하기 위한 참고 자료다.

☐ 다음의 각 설문이 당신의 경우에 얼마나 해당되는지 아래 점수를 기록하되 설문 한 개당 2점 만점으로 한다.

수	우	미	양	가
2	1.5	1	0.5	0

번호	넉넉한 마음(Hightouch)	점수
1	나는 내 인생의 뚜렷한 목표를 가지고 있다.	
2	나는 어려운 사람이나 약한 사람들을 돕는 프로그램을 가지고 있다.	
3	나는 다른 사람과 다툼이 있을 때 먼저 화해를 청한다.	
4	나는 아름다운 음악을 들으며 그 느낌을 머릿속에 상상해 보곤 한다.	
5	내가 해야 할 일은 힘들고 하기 싫더라도 분명히 해낸다.	
6	다른 사람이 나를 비판할 때 화가 나지 않으며 그 원인을 찾아본다.	
7	나는 공부 외에도 악기나, 그림과 같은 특기나 취미를 한 가지 이상 가지고 있다.	
8	나는 잘못이나 실수를 했을 때 그것을 솔직히 인정하고 즉시 사과를 하고 용서를 구한다.	
9	다른 사람이 훌륭한 일이나 좋은 성과(성적)를 거두었을 때 진심으로 축하해 준다.	
10	할아버지나 할머니가 버스에 타시는 것을 보았을 때 즉시 자리를 양보해 준다.	
	소계	

번호	톡 튀는 지식(Hightouch)	점수
1	배운 것은 될 수 있으면 다시 전체를 정리해 본다.	
2	책을 읽을 때 중요한 곳, 어려운 곳에는 줄을 긋거나 가타 표시를 하며 책을 읽는다.	
3	책을 읽을 때 한 번 읽어도 책의 전체 내용을 잘 알 수 있다.	
4	어떤 책을 읽을 때 저자가 이야기하고자 하는 내용을 이해할 수 있다.	
5	공부하기 전에 항상 배울 부분을 미리 검토해서 잘 모르는 부분을 찾아낸다.	
6	좋은 공부 방법을 배워 삶과 공부에 적용하고 있다.	
7	공부할 때 어려운 부분이 나오면 많은 시간이 걸려서라도 꼭 해결하고 지나간다.	
8	시험 치기 전에는 이전에 공부하다가 틀린 부분을 다시 한 번 본다.	
9	나의 컴퓨터나 인터넷 기술은 남들보다 많이 앞서 있다.	
10	외국인을 만나도 별다른 어려움 없이 나의 의사를 전할 수 있다.	
	소계	

번호	튼튼한 건강(Highhealth)	점수
1	나는 항상 자세가 바르다고(허리를 곧게 편 상태) 생각한다.	
2	나는 나 자신의 정신적 건강을 위해 좋은 책이나 그림을 보거나 음악을 듣기도 한다.	
3	나는 건강을 위해 스스로 정기적으로 취침과 기상을 하고 있다.	
4	나는 몸소 자신의 건강관리를 책임 있게 잘하므로 건강 보험카드를 거의 사용하지 않는다.	
5	나는 튼튼한 내장을 가지고 있어 변비 등과 같은 질환이 없다.	
6	나는 일주일에 1번 이상 운동을 한다.	
7	나는 친구들을 배려하면서 항상 긍정적인 생각을 한다.	
8	나는 매우 깊이 잠들어 짧은 시간에 피로를 풀 수 있다.	
9	나는 몸을 순결하고 깨끗하게 지키는 것이 옳다고 믿으며 금연 금주를 몸소 실천한다.	
10	나는 건강 음식을 고를 수 있는 상식을 갖고 있다.	
	소계	

번호	절제의 자기관리(Highcontrol)	점수
1	나는 하루를 시작하기 전 무슨 일부터 해야 할지 정리해 본다.	
2	나는 중요한 일과 빨리 처리해야 할 일들을 잘 나누어서 효과적으로 실천할 수 있다.	
3	나는 나에게 닥친 중요한 일을 미루지 않고 그때그때 꼭 마무리한다.	
4	나는 남의 이야기를 잘 듣고 이해하며 겸손히 받아들인다.	
5	나는 내 하루를 잘 살펴본 후 조각난 시간들을 찾아내어 활용한다.	
6	나는 월간 계획표를 짜 보고 그것을 실천해 본 적이 있다.	
7	나는 항상 중요한 일과 급하게 처리할 일을 잘 구분해 낼 수 있다.	
8	나는 목표를 정하고 그 목표를 달성하기 위한 계획 세우기를 좋아한다.	
9	나는 수입(혹은 용돈)의 범위에서 지출을 하고 있다.	
10	나는 혈기, 식욕, 성욕 등 본능을 억제할 수 있다.	
	소계	

번호	좋은 인간관계(Highrelation)	점수
1	나는 행복한 가정에서 살고 있다고 느낀다.	
2	나는 학교에 존경하고 본받고 싶은 선생님이 있다.	
3	나는 나를 정말 잘 이해하는 친구가 있으며, 다른 사람의 이야기를 잘 듣는 편이다.	
4	누가 나를 싫어한다는 것을 알았을 때 그것이 별로 신경 쓰이지 않는다.	
5	나는 다른 사람들과 이야기를 할 때 사람들의 말을 중단시키고 끼어드는 일을 하지 않는다.	
6	나는 도움이 필요할 때에 남에게 도움을 청하는 것을 주저하지 않는다.	
7	나는 나의 가족들과 마음을 터놓고 이야기한다.	
8	다른 사람이 나를 도와주는 것보다 내가 다른 사람을 도와주는 경우가 더 많다.	
9	나는 당장 나에게 유익이 없는 사람이라도 그 사람과의 관계(인간관계)를 매우 중요하게 생각한다.	
10	나는 모든 사람들과 협력하여 서로에게 신뢰를 주는 관계를 유지해 나가고 있다.	
	소계	

6. Star Game Chart

Star Game 측정표에서 5가지 주제별로 각 지수(점수)를 먼저 확인하고서 다음 단계로 들어간다. 아래 별을 보면 각 꼭지별로 10칸씩 나눠 있음을 발견할 것이다.

그러면 각 지수별의 만점은 한 꼭지당 20점이므로 한 칸에 2점씩 배점하여 실·득점수를 가지고 큰 별 속에서 작은 별(실제득점지수)을 그리면 멘토와 멘제의 별(Star)이 시각화(視覺化)된다.

□ 멘토:

□ 멘제:

□ 작성일자:

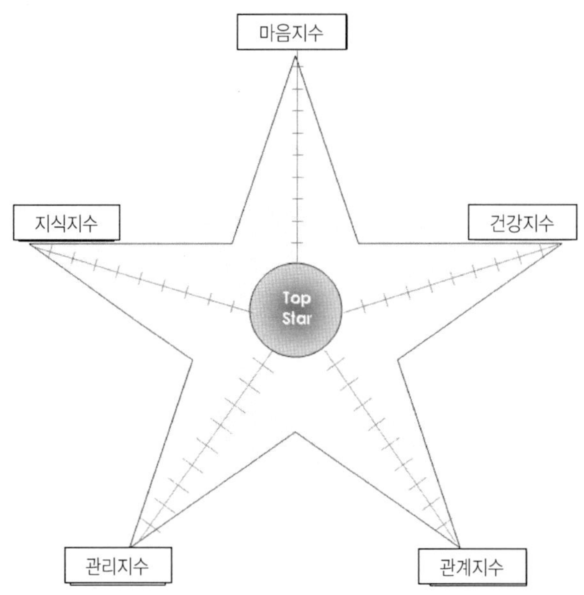

Brain Game 창의개발게임

멘토링은 인간성을 위주로 활동한다는 선입견으로 멘토/멘제가 모여서 신변잡기와 상급자의 험담을 이야기하는 것으로 오해하는 사람이 많다. 이는 어디까지나 체계적인 프로그램을 몰이해하는 데서 오는 오해일 뿐이다. 먼저 멘토/멘제가 개인의 목표, 즉 Star game에서 5가지 주제를 업그레이드하기 위한 실천카드를 작성하여 멘토/멘제 실천계획서를 작성하는 것이고, 조직의 목표, 즉 금번 멘토링에서 채택된 활동목표를 가지고 매니저, 모니터, 멘토들이 모여서 목표 달성 방안을 가지고 토론하며 목표 달성 방안을 제시하여 업무능력 향상을 위한 프로그램이다. 수시로 Brain game을 활용하여 멘토/멘제가 미팅할 때마다 미팅소재를 개발하고 각자의 삶을 개선함으로써 1) 조직의 분위기를 개선하고 2) 구성원 간 인간관계가 원활해지며 3) 자기개발의 촉진기회가 될 수 있는 프로그램이다.

Brain Game(브레인게임)이란? Brain Storming과 멘토링 실천카드 작성 게임(Game)을 합친 합성어다.

이 장에서는 멘토링 활동 중에서 멘토와 멘토 혹은 멘토와 멘제가 팀을 이루어 먼저 Star Game의 5가지 주제와 조직의 도입 목표

12가지 주제를 가지고 팀별로 모임을 갖고 각 주제별로 개선, 개발, 문제 해결 등의 아이디어를 모으게 된다.

그 후 개발된 아이디어 내역을 가지고 멘토와 멘제 각 쌍별로 앞으로 멘토링 기간 동안 실천할 수 있도록 육하원칙에 의한 실천 카드를 작성한다.

이 Brain Game의 효과는 개인이나 팀워크로 창의력이 크게 향상이 되며 조직의 문제 해결이나 목표 달성에 직접 참여함으로써 주인의식, 애사심이 강해지고 스스로 문제를 풀어 간다는 자부심을 가질 수 있다.

또한 업무 현장에서 멘토링 도입 목표(Projects)를 직접 다룸으로써 멘토링 평가 목표율이 향상되므로 결국은 학교의 학습능력 향상에 기여할 수 있다.

1. 개인개발 목표 주제 5가지 제시

멘토링에서 개인개발의 목표는 Star Game에서 주어진 5가지 주제를 업그레이드(Up Grade)하는 것이다. 즉 나의 '인재개발지수(PDI)'를 높이는 것이다. 이를 위해 우선 제2장에서 측정된 개인의 지수를 검토하고 약점부분을 우선적으로 보완할 수 있는 대안을 마련해야 한다. 예를 들자면 5가지 중에서 지식지수가 낮으면 그 부분을 중점적으로 멘토링 기간 동안 관심을 갖고 멘토 멘제가 공동으로 개선활동을 해야 한다는 것이다.

1) - High Touch(고품격마음)　　2) - High Tech(고품격지식)

3) - High Health(고품격건강)　　4) - High Control(고품격관리)

5) – High Relation(고품격관계)

2. 조직개발 목표 12가지 제시

조직개발 멘토링 활동에서 가장 중요한 것은 '어떻게 도입목표를 설정할 것인가.'이다. 막연한 가운데 멘토링을 진행한다는 것은 실패를 안고 시작하는 것과 다름이 없기 때문에 아래와 같이 조직에 도입 가능한 목표 주제 12가지를 선정해서 모델로 정했다. 그러나 각 조직의 형편에 따라 충분히 가감(加減)할 수 있다.

No	기업부문	학교부문	대학부문	교회부문
1	신입사원 정착	신입생 정착	입학 재원 확보	새 신자 정착 향상
2	업무숙달 OJT	신입교사 정착	신입생 정착 향상	교인 출석률 향상
3	경력개발 촉진	교사교작 숙달	직원 OJT 멘토링	평신도사역자 개발
4	지식기술 공유	학생학습능력	자격증 취득과정	Slump 교인 치유
5	노사화합 촉진	왕따 방지 연결	외국어 실력 향상	청소년 활성화
6	핵심인재 개발	특기재능 개발	취미 / 오락생활	독서인재 양성
7	Sales Skill	취미오락지도	학습능력 향상	성숙교인 개발
8	독서인재 개발	슬럼프생 치유	독서권장인재 개발	직분자 양성
9	생산품질 향상	학생생활 지도	Slump 직원학생 치유	지도자 양성
10	서비스사원	영재천재 개발	취업률 향상	제자 훈련
11	여성인재 개발	학생진로 지도	노사화합 촉진	중보기도 지원
12	협력업체 지원	교사 자기장학	교수 지식경영	여성교인 개발

3. Brain Game 진행요령

Brain Game 진행은 현행 분임조나 팀별로 토의를 진행하는 방식을 취하면 된다. 멘토링에서 다른 점은 팀이나 조의 명칭을 '멘토링팀=Team'으로 통일한다는 것과 우선 성격 찾기 게임 결과에 따라 동일 성격자끼리 모여서 팀을 구성한다는 것이다. 그 후 팀에서 일정 시간 내 개발한 아이디어를 전체로 취합하여 게시한다. 여기까지가 Brain Storming이다.

그 후 취합된 아이디어를 멘토와 멘제 한 쌍, 즉 멘토링 셀=Cell이 멘토링 기간 동안 소재로 다루어야 할 아이디어를 채택하고 그 다음에 멘토링 셀(Mentoring Cell)별로 아이디어에 육하원칙을 가미하여 '실천카드작성게임' 양식을 만든다. 서류가 완비되면 멘토와 멘제는 상호 날인하여 한 장씩 갖고 작업을 종료한다.

☞ 멘토링 셀(Cell) – 멘토와 멘제의 최소 한 쌍 멘토링팀(Team) – Cell의 여러 모임

단계순서	해야 할 일
1. Mt – Mg 연결	성격 및 행동유형분석 결과로 Mt – Mg를 동성으로 연결한다.
2. 5팀 자리	Star Game의 5주제별로 구분, 5팀으로 Mt – Mg 같은 쌍으로 자리한다.
3. 팀별로 주제 분담	팀별로 개인주제 5개, 조직개발 목표 10개(P – 1) 주제 중에서 분담한다.
4. 촉진교육	각 주제별로 먼저 촉진설명 교육을 받는다.
5. Brain Game	일정시간을 정하여 팀별로 맡은 주제를 Brain Game(분임토의방식)으로 실행 가능한 Idea를 개발한다.
6. Idea 취합	각 팀장은 개발된 Idea를 별지양식 ①에 취합한다.
7. Idea 발표	전체 진행관리자는 각 팀장으로부터 취합한 Idea를 전원에게 공개한다.
8. Mt – Mg 선정	Mt – Mg 각 쌍은 발표한 Idea 중에서 시행 가능한 것을 각 주제별로 Mt – Mg 각각 5개 내로 골라 양식 ②에 기록한다.
9. Mt – Mg 사인	Mt – Mg는 Mentoring 약정기간을 정하고 양식 ②에 약속 사인을 하고 1부씩 교환한다.
10. 별 표시 비교	Mt – M는 약정기간 중 미팅 시 수시로 점검하고 약정기간 종료 시 몇 차례 Star Game을 시행하여 당초 Star(별) 성적과 비교해 본다. 바로 인재개발지수(PDI)의 업그레이드를 점검해 보는 것이다.

☞ Mt – Mentor의 약자, Mg – Menger의 약자

4. 아이디어 취합카드

양식 ① 팀별 아이디어(Idea) 취합카드 작성(개인별/조직별)

▷ 멘토링 팀별로 Star Game 5가지 주제에서 시간의 분량 범위
  내에서 토의 대상 가짓수를 선택하고 분임 토의식으로 진행
  하여 Idea를 개발하되 숫자의 제한을 받지 않는다.

▷ 조직목표의 12가지 주제를 참고로 하되 시간의 분량에 따라
  몇 가지를 할 것인가 선택한다.

▷ 각 팀장은 자기 팀에서 다룬 주제별 Idea를 아래 양식에 의거
  제출하고 팀 전체 관리자는 전체를 한눈에 볼 수 있도록 취
  합해서 게시한다.

☐ 주제별:

☐ 팀 명:

☐ 팀 장:

☐ 팀 원:

Idea 집계표

NO	아이디어	NO	아이디어
1		11	
2		12	
3		13	
4		14	
5		15	
6		16	
7		17	
8		18	
9		19	
10		20	

5. 개인목표 실천카드

양식 ② 멘토, 멘제 실천약속카드 작성(개인별)

■ 개인별 실천카드 작성 게임

Brain Game Idea 중에서 멘토와 멘제가 멘토링 활동기간에 시행 가능한 사항을 주제별 아이디어 중에서 5가지 이내로 선택한다. 반

드시 주제에 맞고 그리고 타임테이블(Time Table)을 적용하여 작성
해야 한다.

□ 멘토(Mentor):   인
□ 멘제(Menger):   인
□ Mentoring 기간: 200 .   .   .   200 .   .   .
□ 소속:

Mentor 실천카드( )	Menger 실천카드( )
주제별	실천사항
마음	1 2 3 4 5
지식	1 2 3 4 5
건강	1 2 3 4 5
자기관리	1 2 3 4 5
인간관계	1 2 3 4 5

Theme 7

Manual 매뉴얼 작성실무

멘토링 프로그램을 체계적으로 관리하여 프로그램을 표준화하여 멘토/멘제의 활동 성공률을 높이기 위한 방법이다.

우선 12개월 프로그램을 아래 3개 과정별(Process)로 세분화하고 실제 현장에서 각 단계(Step)별로 적용할 수 있도록 했다.

멘토링에서 가장 중요한 멘토와 멘제가 현장에서 활동하는 3가지 프로그램을 소개했다. 먼저 교육 프로그램, 개별활동 및 그룹활동 프로그램 그리고 평가 프로그램을 다루었다. 매뉴얼 방식으로 멘토/멘제가 활동기간 동안 활동지침서로 활용할 수 있도록 했다.

4 – Process	10 – Step
1. 도입 과정 　　교육 프로그램	Step 1 전문가 양성 과정 Step 2 멘토 양성 과정 Step 3 멘토 / 멘제 Workshop / camp Step 4 멘토 / 멘제 결연식 과정
2. 활동 과정 　　활동 프로그램	Step 1 주간 – 개인활동 Step 2 월간 – 활동보고서 Step 3 계간 – 그룹활동
3. 평가 과정 　　평가 프로그램	Step 1 정성평가 Step 2 정량평가 Step 3 개인평가 Step 4 멘토인증서

도입 과정 교육 프로그램

멘토링 도입 과정은 멘토/멘제가 선정된 후 활동을 개시하는 출발(Kick Off) 단계로 활동 개시에 필요한 멘토 양성교육과 멘토/멘제 Workshop 과정 등 교육 프로그램을 진행하는 단계다.

교육과정을 마친 후에는 멘토/멘제를 위한 결연식 순서를 갖는다. 이 결연식에는 조직의 CEO가 관심을 갖고 현장에 참석하여 격려와 축하를 해 주는 것이 활동 촉진의 계기가 된다. 결연식이 끝난 후에는 교제의 시간을 갖고 식사 등 Party 형식으로 축하분위기를 유도한다.

[교육의 목적]

목적 1 멘토링 전문인력을 양성한다.

목적 2 인재개발 멘토십을 개발한다.

목적 3 멘토/멘제 활동 촉진 기술을 개발한다.

Step 1 전문가 양성 과정

Step 2 멘토 양성 과정

Step 3 멘토/멘제 Workshop

Step 4 멘토/멘제 결연식 과정

Tool 수강 – 멘토 지원서 양식

성명:		남 녀	생년월일:	(음 양)	결혼여부:	기혼 미혼 기타
소속:		전화:	HP:		이메일:	

기본사항:

1. 이 프로그램을 알게 된 통로(추천인:)
2. 이 프로그램을 지원하게 된 동기
3. 이 프로그램을 통하여 기대하는 바
4. 전에 청소년과 함께했던 경험
5. 멘토링 선문교육 수강경험
6. 관심분야/취미활동
7. 멘토링 활동 가능한 시간(요일: 시간: ~   )

교육사항

학교 / 기관	학위 / 자격증	졸업

기타(교육/경험 등)

상기와 같이 지원합니다.
200   년   월   일
지원자 성명: 서명

최종결정: 멘토링 운영위원장

최종심사결과를 아래와 같이 발표한다.
가함(   ) 다음 기회 재심(   ) 유보함(   )
멘토링 운영위원장 성명   서명

Tool 수강 – 멘제 지원서 양식

| 성명: | 남 녀 생년월일: | (음 양) | 결혼여부: 기혼 미혼 기타 |
| 소속: | 전화: HP: | | 이메일: |

기본사항:

1. 이 프로그램을 알게 된 통로(추천인:)
2. 이 프로그램을 지원하게 된 동기
3. 이 프로그램을 통하여 기대하는 바
4. 멘토링 전문교육 수강경험
5. 관심분야/취미활동
6. 멘토링 활동 가능한 시간(요일: 시간: ~   )

교육사항

학교 / 기관	학위 / 자격증	졸업

기타(교육 / 경험 등)

상기와 같이 지원합니다.
200   년   월   일
지원자 성명: 서명

최종결정: 멘토링 운영위원장

최종심사결과를 아래와 같이 발표한다.
가함(   ) 다음 기회 재심(   ) 유보함(   )
멘토링 운영위원장 성명   서명

Step 1 전문가 양성 과정

교육과정: 청소년 멘토링 전문가(Manager) 양성 과정

교육목적: 멘토링 프로그램 전문관리자를 양성하여 저비용 고효
율 교육효과

교육참석: 멘토링 도입예정 및 현재 활동하고 있는 조직의 관리자

교육기간: 3일간 20시간 진행

교육교재: [멘토링 실전전략 ppt – 241p] – 1권

Theme 총서 10권	초급 과정 2일간 16시간	중급 과정 3일간 20시간	고급과정 3일간 24시간
1. Story(원리)	2	2	2
2. Skill(기술)	1	1	1
3. Leadership(리더십)			
4. Game(게임)	3	5	5
5. Tool(도구)	5	7	7
6. Strategy(전략)			2
7. Humanity(인간성)			1
8. Productivity(생산성)			1
9. Manual(매뉴얼)	3	3	3
10. Case Study(사례)	2	2	2
합계	16H	20H	24H

* 교육과정 효과

효과 1. 도입, 활동, 평가 프로그램을 체계 있게 관리할 때 저비용 고효율의 효과

효과 2. 분명한 멘토링 목표가 있기 때문에 실패율을 줄이고 성공률을 높임

효과 3. 멘토링 프로그램을 전문적으로 관리하게 되므로 장기간 지속이 가능

효과 4. 활동 과정마다 적절한 프로그램으로 멘토/멘제들이 책임감과 안정감

효과 5. 활동 종료 시는 목표율 평가에 의하여 생산성 여부를 점검 가능함

Step 2 멘토 양성 과정

교육과정: 청소년 멘토(Mentor) 양성 교육과정

교육목적: 사각지대 청소년들의 삶에 깊이 있고 전문적이며 지속
적으로 개입함으로써 사회적 네트워크를 재개하고 사
회로 복귀할 수 있도록 돕는 청소년 대상 전문 멘토를
양성한다.

교육참석: 멘토 모니터 대상자

교육기간: 3일간 20시간 진행

교육교재: [청소년 멘토링 활동기술 ppt－174p]－1권

Theme 총서 10권	특강 과정 4H 과정	기본 과정 8H 과정	심화 과정 16H 과정	고급 과정 20H 과정
1. Story(원리)	0.5	1	1	1
2. Skill(기술)	1.5	3	8	9
3. Leadership(리더십)				2
4. Game(게임)	2	3	4	5
5. Tool(도구)			1	1
6. Strategy(전략)				
7. Humanity(인간성)				
8. Productivity(생산성)				
9. Manual(매뉴얼)				
10. Case Study(사례)		1	2	2
합계	4	8	16	20

* 교육과정 효과

효과 1. 멘토링 원리와 현장 프로그램에 대한 올바른 이해를 갖
는다.

효과 2. 멘토 / 멘제 상호간 관계 촉진 커뮤니케이션이 원활해진다.

효과 3. 멘토 / 멘제가 미팅 활동 시 소재 개발에 아이디어를 갖게 된다.

효과 4. 멘토십이 개발되어 멘제를 양육하는 데 노하우를 갖게 된다.

효과 5. 멘토는 리더십이 개발되어 사회에서 핵심인재로 인정받게 된다.

Step 3 멘토 / 멘제 Workshop / Camp

교육과정: 멘토 / 멘제 합동 교육과정
교육목적: 멘토링 관계 활성화와 현장활동 기술 촉진 학습
교육참석: 멘토 / 멘제 대상자
교육기간: 4시간 / 8시간 진행   야외 2박 3일 camp 과정 - 20H 과정
교육장소: 담위 조직의 현장

Theme	Workshop 4H 과정	Workshop 8H 과정	CAMP 20H 과정
1. Story(원리)	0.5	1	2
2. Skill(기술)	1.5	3	6
3. Leadership(리더십)			2
4. Game(게임)	2	3	8
5. Tool(도구)			
6. Strategy(전략)			
7. Humanity(인간성)			
8. Productivity(생산성)			
9. Manual(매뉴얼)			
10. Case Study(사례)		1	2
합계	4	8	20

* 교육과정 효과

효과 1. 멘토링 원리와 현장 프로그램에 대한 올바른 이해를 가진다.

효과 2. 멘토 / 멘제 상호간 관계 촉진 커뮤니케이션이 원활해진다.

효과 3. 멘토 / 멘제가 미팅 활동 시 소재 개발에 아이디어를 갖게 된다.

효과 4. 멘토십이 개발되어 멘제를 양육하는 데 노하우를 갖게 된다.

효과 5. 멘토는 리더십이 개발되어 회사의 핵심인재로 인정받게 된다.

Step 4 결연식 프로그램

멘토링은 멘토와 멘제가 자생력으로 일정기간 동안 멘토링 활동을 유지하는 데 첫출발이 아주 주요한 과정이다. 신뢰와 존경심으로 출발 때부터 종료까지 함께한다는 것은 쉬운 일이 아니다. 그러므로 결연식은 조직에 큰 관심을 가지고 물심양면으로 지원과 격려를 해 주어야 한다.

Tool 결연식 진행순서 양식

		업체상호: 결연일자: 결연장소:
1	개회사	순서담당자
2	멘토 / 멘제 선서 - 멘토대표 선서 - 멘제대표 선서	사회자 CEO
3	격려사	CEO
4	CEO 선물 증정 (도서 등) - 멘토대표 - 멘제(여)대표	CEO
5	사진 촬영 (CEO와 함께) - 단체 사진 - 멘토 멘제 쌍별과 CEO 사진	사회자 CEO
6	축하만찬 (아래에서 주최자 선택) - 뷔페급 식사 - 바비큐 파티 - 음료 파티	사회자

● 기타 참고사항
1) 멘토 멘제 선서는 멘토 멘제 쌍단위의 대표가 아니고, 각각의 대표임.
2) CEO의 선물은 도서. 결연식 후 멘토 멘제 전원 배부
3) 사진 촬영은 CEO와 직접 하며, 나중에 액자에 넣어 전달할 것

Tool 멘토 / 멘제 선서 양식

[공동체 선서]

저희는 멘토링 공동체 안에서 한 가족입니다. 상호간 신뢰와 존경 관계를 유지하면서 멘토링 활동 12개월을 함께하겠습니다. 저희는 인격이 어떠하든지 끝까지 돕는 마음으로 상호간 인간 성장을 사명으로 알겠습니다.

저희는 제(1)회 멘토링 파트너로서 선정됨을 자랑스럽게 여기며 임원님과 동료 앞에서 다음과 같이 선서합니다.

* 멘토대표
하나, 저는 멘토의 역할을 소중히 여기며 멘제의 역할모델로서 멘제의 성장을 위해 깊은 관심과 노력을 기울일 것을 다짐합니다.

* 멘제대표
둘, 저는 멘제로서 언제나 바른 생각과 겸손 마음으로 항상 모범이 되어 멘토로 성장하는 데 최선을 다하겠습니다.

* 멘토 / 멘제대표
셋, 우리는 멘토링 활동 모임에 최우선을 두겠습니다.
넷, 우리는 미팅시간을 상호 성실히 지키겠습니다.
다섯, 우리는 멘토링 과정에서 알게 된 상호간 비밀을 언제나 보호하겠습니다.

2009년 1월 15일

멘토대표:　　서명
멘제대표:　　서명

Tool 멘토 / 멘제 약정서 양식

멘토링 활동 약정은 참여하는 모든 멘토 멘제들로 하여금 이 모임이 무엇을 하는 모임인가에 대해 공동관심사를 가질 수 있도록 도와준다.

멘토링 활동 개시 시점이나 기존 활동이 만기되었을 때, 멘토링 참여자들은 아래의 질문에 대하여 서로의 의견을 모을 수 있도록 잠시 시간을 할애해야 한다. 모든 참여자들은 사전에 충분한 시간을 갖고 토론과정을 거쳐서 약정에 서명한다면 마음으로 동조하고 멘토링 활동의 나아갈 방향성을 결정하는 데 기여할 수 있다고 느끼게 될 것이다.

[약정서]

1. 활동목적: 우리의 활동목적은 멘토링 활동을 통하여 상호간 인간성장을 목적으로 한다.
2. 활동목표: 우리의 활동목표는 개인목표로 인격지수를 높이는 데와 학교목표로는 (신입생 정착률 향상)을 목표로 한다.
　　　　　목표 예) 학습지원 멘토링 특기개발 멘토링 등
3. 활동기간: 우리의 활동기간은 12개월로 한다(2008년 7월 1일~2009년 6월 30일)
4. 미팅주기: 우리의 미팅주기는 주 1회로 한다.
5. 미팅시간: 우리의 미팅시간은 매회 1시간 내외로 한다. 특별한 경우는 상호 협의해서 장단을 결정한다.
6. 미팅장소: 우리의 미팅장소는 사 내외 등을 불문하고 자유롭게 정한다.
7. 미팅소재: 우리의 미팅소재는 멘토링 목적과 목표에 합당하게 정하되 적합성 소재, 인간성 소재, 장래성 소재 등을 우선적으로 다룬다.
8. 활동규칙
　　1) 우선순위 – 우리들은 멘토링 활동모임에 우선을 둔다.
　　2) 참여의견 – 우리들은 미팅 시 자신의 의견을 말할 수 있고 모든 질문들이 존중되어야 한다.
　　3) 비밀유지 – 우리들은 모임에서 다룬 내용을 외부에 보안을 유지한다.
　　4) 상호협력 – 우리는 특별 활동 프로그램을 계획 시 상호 충분히 논의한 후 결정한다(봉사활동, 가정방문, 체력단련 등).

　　　　　　　　　약정일: 200　년　　　　월　　　　일
　　　　　　　　　멘토:　　　　　　　　　서명
　　　　　　　　　멘제:　　　　　　　　　서명

Tool 멘토 / 멘제 서약서 양식

멘토링 활동은 먼저 조직 입장에서는 적극 지원 체제와 멘토 / 멘제 입장에서는 자율성이 최대한 보장되는 상황에서 전개되는 것이 바람직스럽다.

그러므로 멘토링에 참여하는 사람들은 조직에서의 상향식 관리 형태에서 벗어나 자율활동을 위해 책임과 적극성이 앞서야 한다.

특히 학교에서 멘토링 활동에 관한 도입의도와 지원하는 각종 사항에 대해 올바른 이해가 무엇보다 중요하다고 본다.

아래 멘토와 멘제의 서약서는 조직과 참여하는 멘토 멘제 간에 신사협정이라고 볼 수 있으며 서약서 내용을 숙지함으로써 멘토링 활동에서 성실감, 신뢰감, 책임감을 높일 수 있는 것이다.

[멘토(Mentor) 서약서]

본인은 금번 멘토로 선정되어, 다음과 같은 사항들을 지킬 것을 서약합니다.
1. 본인은 멘토들을 위한 교육, 훈련과정에 적극적으로 참여하겠습니다.
2. 본인은 멘토링 활동을 끝까지 책임 있게 진행하고 마무리하겠습니다.
3. 본인은 멘제와 약속된 미팅시간을 잘 지키겠습니다.
4. 본인은 만일 미팅에 참석할 수 없거나 부득이한 경우가 발생할 때는 학교에 반드시 알리겠습니다.
5. 본인은 멘제와 또는 멘토링 관리자와 열린 마음으로 관계 형성에 노력하겠습니다.
6. 본인은 멘제와 자주 만남을 주선하고 대화를 지속하겠습니다.
7. 본인은 멘제와 나눈 내용은 비밀을 반드시 지키겠습니다.
8. 본인은 멘제를 위한 도움이 필요할 때 조직에 도움을 요청하겠습니다.
9. 본인은 기타 학교에서 정하는 사항에 대하여 적극적으로 따르겠습니다.

약정일: 200 년   월   일   멘토: 서명

[멘제(Menger) 서약서]

본인은 금번 멘제로 선정되어, 다음과 같은 사항들을 지킬 것을 서약합니다.
1. 본인은 멘토링 활동의 규칙을 준수하겠습니다.
2. 본인은 멘토와 약속된 미팅 시간을 철저히 지키겠습니다.
3. 본인은 모든 활동과 행사에 적극적으로 참가하겠습니다.
4. 본인은 멘토를 존경하고, 예의 바른 행동을 하겠습니다.
5. 본인은 멘토와의 관계에서 솔직하고 진실하게 참여하겠습니다.
6. 본인은 멘토링 활동기간에 도움이 필요할 때는 반드시 멘토에게 알리고, 조직에 도움이 필요할 때는 반드시 통보하여 적극적으로 도움을 받겠습니다.

약정일: 200 년   월   일   멘제: 서명

Process 2

활동 과정 활동 프로그램

멘토링 활동 과정은 이미 기간이 정해진 6개월 또는 12개월 동안 멘토/멘제가 개인별 및 그룹활동 프로그램을 전개하는 과정이다. 먼저 미팅(Meeting)을 통하여 멘토링 활동소재를 개발하고 멘토/멘제는 사내, 사외에 구분 없이 자유롭게 활동이 이루어져야 한다. 학교에서는 멘토링 데이를 선포하여 상급자의 눈치를 볼 필요 없이 두 사람의 미팅을 주선해 주어야 한다.

조직에서는 월정 활동비를 지원하고 또 체계적인 활동을 위하여 홈페이지나 카페 등 Web Site에서 활동을 유도해 준다. 멘토/멘제의 자생력을 키우는 데 동기부여를 제공하고 특히 보수교육 수강 기회를 주어야 한다.

이 기간 컨설팅은 주간별로 e-mail 서비스를 제공하고 월간별로 보고활동 및 운영 시스템 점검과 모니터링 피드백을 하고 계간으로 보수교육과 친교중심의 그룹미팅을 하며 중간 평가를 시행한다.

Step 1 주간 - 개별활동
Step 2 계간 - 그룹활동

Step 3 월간 - 활동보고서

Step 1 개별활동(주 / 월간)

멘토링 활동을 크게 두 가지로 나눌 수 있는데 멘토/멘제가 개별적으로 만나는 활동과 멘토/멘제 전체로 모여 친목을 하는 그룹미팅이 있다.

1) 멘토링 데이 선정   (   )요일
2) 멘토링 월간 활동비 책정   (   )원

개별활동 1 멘토링 활동목표 주제별 목록

활동주제	세부내용
1. 학업성취를 위한 활동	- 도서관, 서점 탐방 - 함께 영화 보고 동화 읽기 - 멘제의 학교 과제에 대한 정보를 조사하고, 습득하도록 도움 - 인터넷상에서 정보 찾기 - 수학이나 읽기 등을 개인지도 - 컴퓨터 사용방법을 가르침 - 박물관 방문 및 방문에 대한 보고서나 스피치 준비
2. 개인적 관계 진전을 위한 활동	- 멘제가 좋아하는 음식으로 식사 - 멘제가 가 보고 싶어 하는 곳 - 대학로/한강/산/바다 등을 방문 - 멘토의 가정에 초대 - 영화, 연극, 음악회 등 관람 - 야구장, 축구장, 농구장 방문 - 볼링이나 포켓볼을 함께 즐김 - 시장이나 백화점을 함께 다님 - 함께 장애인 시설이나 병원에서 봉사활동을 함
3. 진로탐색 또는 직업준비를 위한 활동	- 멘토의 학교나 지역의 대학 방문 - 관심분야에 대한 자료 제공, 관심분야에 종사하는 선배와 만남 주선 - 직업 박람회에 참석 - 고등학교 졸업에 대한 것들에 대해 토론

개별활동 2 멘토링 일상생활 주제별 목록

개별활동은 멘토 / 멘제가 일상생활 안에서 쉽게 할 수 있는 활동들로 구성되어 있다. 멘제가 좋아하는 작은 것으로부터 멘제의 가정, 학교, 사회 전반에 영향을 미치는 것들에 대해 정서적인 지지와 실제적인 도움을 줄 수 있는 활동들로 구성되어 있다.

소제목	세부내용
친밀감 형성	그동안 생활 나누기, 생일 챙겨 주기, 마니또, 쪽지 보내기, 문자 보내기, 메일 보내기, 게임, 차 마시기, 멘제가 좋아하는 음식으로 식사하기, 멘토/멘제집 방문하기, 멘제학교 방문, 그림으로 자기 표현하기(잡지책, 신문, 전지, 색종이, 풀 등 활용)
진로지도	인터넷정보 검색, 도서관, 서점, 인근 대학교 방문, 나의 인생 설계
학교 학습지도	도서 구입, 공부방법 지도 등
문화체험	박물관, 민속놀이 체험, 대학축제, 놀이공원, 일일여행, 눈썰매 타기, 온천욕, 감 따기, 송편 짓기, 노래 배우기, 보드게임
스포츠체험	재즈댄스, 요가, 등산
경제적 지원	건강진단
고민 나누기	힘든 부문 이야기, 현재 도움을 받고자 하는 내용 나누기
격려자 도와주기	자립할 수 있도록 정서적 지지 및 격려
관계 형성	멘제 부모님과의 관계 형성을 위한 부모 간담회

Step 2 그룹활동(계간)

일반적으로 멘토 / 멘제의 첫출발 Workshop의 효과는 3개월 정도로 볼 수 있다. 그러므로 3개월이 지난 후에는 재차 동기부여로 사기를 높여 줄 필요가 있다. 전체가 모여서 1) 야외친목활동 2) 보수교육 수강 3) 중간평가 실시 등 선택적으로 진행이 기능하다.

계간 그룹미팅 활동 선택

NO	활동종류	일정선택	장소선택	시간선택
1차	친목활동			
	보수교육			
	중간평가			
2차	친목활동			
	보수교육			
	중간평가			
3차	친목활동			
	보수교육			
	중간평가			

그룹활동 1 일상생활 주제 사례

- 심리극
- 피크닉이나 여행
- 대학견학
- 스포츠행사
- 시상 및 인정
- 집단 프로그램(예집단상담, 사회기술 훈련 등)
- 부모님들과 밤
- 지역회사 탐방
- 놀이공원

그룹활동 2 일상생활 주제 사례

그룹활동은 멘토 / 멘제가 다른 팀과 함께하는 활동으로 심리검사를 통한 서로 간의 이해와 각종 문화체험활동, 스포츠활동, 봉사활동, 자기개발활동 등이 있다. 멘토와 멘제가 다른 쌍들과 함께하는 시간으로 자신들의 관계를 객관적으로 점검해 볼 수 있는 기회가 되며, 서로 간의 응집력을 강화할 수 있는 기회가 될 것이다.

소제목	세부내용
문화체험활동	자연답사 여행, 도예체험, 문화유적지 조사, 문화탐방, 탁본체험, 전통놀이체험, 산림박물관 견학, 갯벌체험, 콘서트, 영화, 풍물 배우기, 요리대결, 장애체험, 암벽등반, 캠프(캠프파이어, 옥수수, 고구마, 감자, 계란 구워 먹기), 세줄타기, 협력게임, 팀빌딩 게임, 공동벽화 그리기
스포츠활동	레크리에이션, 국토순례대행진 – 2박 3일(범물사회복지관), 캠파이어, 댄스파티, 오리엔티어링, 래프팅, 서바이벌, 골든벨, 챌린지(산악자전거), 스케이트, 눈썰매 타기, 캠프, 가장무도회, 재즈파티, 테크노파티, 가든파티
봉사활동	시설방문, 영아 돌보기, 시설 청소, 사회복지관 방문
심리검사	자아개념검사(Egogram 측정), MBTI, DISC, Eneagram, Holland 적성탐색검사, 다중지능검사, 미술치료, 음악치료
자기개발활동	칭찬합시다(Pygmalion Game), 자기자랑 하기(자신의 장점과 자랑거리 발표), 자기성장 캠프(자신에 대한 발견 – 성격, 관심도, 특성 등), 가치관 경매(가치관 목록표를 만들고 자신이 중요하다고 생각하는 순서대로 선택), 시간관리 프로그램(시간관리 중요성을 교육하고 시간관리 척도 검사, 시간관리 유형 파악을 통해 학생들의 시간 관리 현주소를 알게 함), 인생목표 설정하기(일일, 단기, 장기 계획 수립), 장기자랑, 자화상 그리기, 명함 만들기
기타 활동	타임캡슐 만들기, 심리극, 부모 / 자녀 간 편지 쓰기, 가족에게 선물하기, 골든벨

Step 3 월간 보고활동

멘토링은 멘토를 통제 대상에서 자생력으로 지원하는 것이 성공의 지름길이다. 그러므로 멘토를 신뢰하고 아래 3가지 보고서 중 가능한 최소화하는 것이 바람직하다. 특히 멘토/멘제에 관한 긍정/부정적인 면에서도 가능한 모니터에 전적으로 의뢰하여 지원적 차원에서 해결하고 설문방식으로 의견 청취와 적절한 피드백을 해 주어야 한다.

NO	보고양식	내 용	선 택
1	멘토보고서	멘토의 미팅 보고 및 회계보고	
2	멘토링일지	멘토 / 멘제의 미팅 일정에 활동보고	
3	실천계획서	멘토 / 멘제의 인격개발 실천계획서	
4	모니터 설문	모니터의 월간 설문결과 보고	

개인활동 사례 – 노동부 부천지청 멘토 / 멘제

멘토: 장기익		멘제: 황현태			
일자	'06. 7. 31.	시간	18:30∼22:00	장소	청기와 횟집

미팅소재
1. 돈과 우정 그리고 사랑
2. 업무처리 진행절차 등
3. 최은정 감독관님을 모시고 재테크에 대한 방법

멘토링하는 날 ……
항상 옆자리에서 근무하는 우리 두 사람 오늘은 매일 가는 분식집이 아니라 큰맘 먹고 맛있는 음식을 먹으러 갔습니다. 멋지게 포즈를 취하고 사진 한 방 "찰∼칵" 너무 다정해서 하늘이 시샘하지는 않을는지……

결과 의견
1. 돈 때문에 파괴된 우정 사례
2. 가족 간 돈보다는 사랑으로 감싸는 가족애
3. 전문가의 자문 필요성 및 꾸준한 저축

차기 추진사항
멘토(Mentor)
1. 여름철 무더위 대비 체력 유지(달리기)
2. 어학학습
멘제(Menger)
1. 여름철 무더위 대비 체력 증진(수영강습 수강)
2. 어학 및 IT학습

활동비 소요: 87,000

Tool 멘토 월간보고서(Mentor Report)

구 분	성 명	소 속		정기미팅요일	결연일	성격 유형
		부 서	팀			
Mentor						
Menger						

* (　　　　)월 멘토 / 멘제 미팅 활동내용

미팅 횟수	월일 장소		소재 내용	비고
1차 미팅	월일	장소	1 2 3 * 다음 소재	
2차 미팅	월일	장소	1 2 3 * 다음 소재	
3차 미팅	월일	장소	1 2 3 * 다음 소재	
4차 미팅	월일	장소	1 2 3 * 다음 소재	
5차 미팅	월일	장소	1 2 3 * 다음 소재	

* 멘토 / 멘제 관계보고　　　　좋음 - - - 5　　4　　3　　2　　1 - - - 안 좋음
* 발생된 문제점은?
* 기타 보고사항
* 활동비 정산
　- 총 사용금액(　　　　) - 증빙서 보완금액(　　　　) - 증빙서 불비금액(　　　　)

Tool 멘토링일지(Mentorong Diary)

멘토링일지(Mentoring Diary)

멘토 :
멘제 :

	일자		시간		장소	

* 미팅소재

1
2

* 결과 의견

1
2

* 차기 추진사항

멘토(Mentor)

1
2
3
4
5

멘제(Menger)

1
2
3
4
5

Tool 멘토링 실천계획서(Mentorong Plan)

멘토 / 멘제 실천계획서
(Brain game)

작성일자:
멘토: 사인
멘제: 사인

개발소재	현재 지수	진행 중인 사항	지원사항	진행 완료일	다음 진행사항
마음지수 1 2 3					
지식지수 1 2 3					
건강지수 1 2 3					
관리지수 1 2 3					
관계지수 1 2 3					

Tool 모니터보고서(Monitor Report)

구 분	Mentor에 관한 사항	Menger에 관한 사항
인적사항	성명: 생년월일: 부서: 직책: 주요 특기사항:	성명: 생년월일: 부서: 직책: 주요 특기사항:
성격문제		
현재상태		
예상문제점		
해결방안		
실 적	1. 수시평가 2. 중간평가 3. 결과평가	

평가 과정 평가 프로그램

멘토링 평가 과정은 제도적 멘토링의 특성으로 멘토링 제도 운영을 위한 3가지 투자, 즉 인력투자, 시간투자, 자금투자에 대한 회수율(ROI)에 관한 평가 프로그램이다.

평가 방법은 먼저 멘토링에 참여한 멘토/멘제에 대한 개인역량 평가와 멘토링 전체 쌍 그룹의 평가를 할 수 있다. 세분해서 정량평가와 정성평가 방법 그리고 중간평가와 최종평가 방법으로 적용할 수 있다.

이러한 평가 프로그램이 있으므로 멘토링에 참여하는 추진팀과 멘토/멘제에게 확실한 책임감을 느끼도록 하며 그 평가결과에 따라 보상을 실시함으로써 멘토링 성공확률을 크게 높일 수 있게 된다.

Step 1 정성평가

Step 2 정량평가

Step 3 개인평가

Step 4 멘토인증서

1. 멘토링 평가개요

1) 평가의미

- 멘토링 활동은 먼저 3가지 투자가 이루어진다. 사람투자, 시간투자, 자금투자다. 학교의 투자 회수는 기본적이다. 멘토링의 평가는 투자에 관한 생산성 여부를 점검하는 차원에서 당연히 해야 한다.

- 또 한편에서는 멘토링 활동에 참여하는 인력(멘토링위원장 추진팀, 모니터, 멘토 / 멘제 등)에 대한 책임감과 목표의식을 넣어 주는 차원에서 평가가 있다.

2) 평가목적

- 멘토링 평가의 목적은 멘토 / 멘제의 동기부여 차원에서 이루어진다. 구체적으로 평가결과에 따라 포상하고 칭찬하기 위한 자료를 얻는 것이다.

일반 정규업무 평가는 포상과 벌이 주어지는데 멘토링에서 평가는 포상만을 주는 것이 특징이다.

3) 평가주기

- 분기별 중간평가 – 멘토링 활동 중, 즉 분기별로 평가한다.

- 결과 및 최종평가 - 멘토링 활동 종료 시에 평가한다.

4) 평가대상

- 개인평가 - 멘토와 멘제의 개인 역량 평가를 한다.
- 그룹평가 - 멘토링 쌍 전체를 평가한다.

5) 평가방법

- 정량평가 - 평가의 결과를 숫자로 표시하는데 생산성 측정 평가라고 한다.
- 정성평가 - 교육만족도, 애사심측정, 멘토링 활동 만족도 등으로 심적인 평가다.

Step 1 정성평가 – 만족도 도구

□ 작성자: 멘토 / 멘제

□ 작성방법: 5점 척도 방식

탁월	우수	보통	미흡	부족
5	4	3	2	1

구분	번호	진단도구	1차	중간	중간	최종
교육	1	교육기간 만족도 여부				
	2	교육강사 만족도 여부				
	3	교육내용 만족도 여부				
	4	교육교재 만족도 여부				
	5	교육에 다시 참여하고 싶은 마음				
활동	1	활동기간 만족도 여부				
	2	멘토/멘제 서로 활동 만족도 여부				
	3	미팅 활동이 유익 여부				
	4	얼마나 개인 성장 여부				
	5	멘토링 활동에 다시 참가 여부				
관계	1	멘토/멘제 서로 관계 만족도 여부				
	2	조직의 상급자와 관계 만족도 여부				
	3	조직의 동료와 관계 만족도 여부				
	4	가정식구들과 관계 만족도 여부				
	5	사회 접촉 사람과 관계 만족도 여부				
조직	1	우리 조직의 인간존중 만족도 여부				
	2	내가 신뢰받고 있는 만족도 여부				
	3	인사관리에 만족도 여부				
	4	급여체계의 만족도 여부				
	5	조직 CEO 리더십에 만족도 여부				
		소계				

Step 2 정량평가 – 성과지표 도구

□ 작성자: 멘토링 전문관리자

□ 작성방법: 100분율 방식으로 사전목표율을 정하고 실시 후 달성률을 비교한다.

구 분	평가방법	1차	중간	중간	최종
유지율	목적: 멘토 / 멘제 쌍별로 제대로 유지되고 있는가?				
	산식: 현재 쌍 / 당초 쌍×100				
정착률	목적: 신입직원의 정착이 제대로 되고 있는가?				
	산식: 현재 멘제 수 / 당초 멘제 수×100				
참여율	목적: 멘토 / 멘제가 행사나 교육 참여를 잘하는가?				
	산식: 참석인원 / 총인원×100				
회수율	목적: 투자자금이 수익적 회수 성과가 있는가?				
	산식: 회수자금 / 투자자금×100				
	회수자금 산출에 참고사항 1. 전년보다 추가 정착 신입직원×월 평균 보수액 2. 멘제 업무 조기 숙달 기간×월 평균 보수액				

Step 3 개인평가 – 성과지표 도구

□ 작성자: 멘토 / 멘제

□ 작성방법: 2점 척도 진단도구를 사용하여 수시로 작성한다(별도 진단도구 참고).

구 분	평가방법	1차	중간	중간	최종
적합성	목적: 멘토로서 멘토링 참여에 또는 리더로 얼마나 적합한가?				
	산식: 60점 만점에 2점 척도로 평가한다.				
인간성	목적: 멘토 / 멘제 각기 인격지수가 얼마나 향상되었는가?				
	산식: 100점 만점에 2점 척도로 평가한다.				
생산성	목적: 조직의 멘토로서 얼마나 생산성에 관심을 갖고 있는가?				
	산식: 40점 만점에 2점 척도로 평가한다. 별도 SWOT분석 작성한다.				
장래성	목적: 멘토 / 멘제로서 나의 장래 설계는 잘되어 가고 있는가?				
	산식: 60점 만점에 2점 척도로 평가한다.				

Step 4 멘토인증서제도

　오늘날 Hightech 부작용으로 상실된 인간관계를 Hightouch 프로
그램으로 회복하여 인간이 존중받는 사회를 이룩하는 데 멘토인증
제가 절실히 필요하다.

　Off Line과 On Line에서 멘토인증에 필요한 시스템을 구축하여
멘토의 공헌을 인증해 주는 반면 각 학교에서 인성평가 자료로 활
용할 수 있도록 회원제를 통하여 발행하는 제도다.

* [멘토인증 기준표] 예시

인증부문	배점기준	인증점수	기대점수	비고
교육 수강	* 정규교육 시간당 - 1점 Silver Course - 20시간 Gold Course - 40시간 Diamond Course - 60시간 주간 이메일 학습 6개월 - 6점 성적우수자 1회 - 5점		70	4~60시간 선택 가능
멘토활동	* 미팅횟수 월당 - 4점 * 활동유지 월당 - 4점 친목활동 경조활동 학습활동 봉사활동 체력단련 문화활동		100	12개월 기준
활동평가	* 종합평가 - 최종 위원장 평가 자기진단도구 작성점검 - 1점 Star Game 작성점검 - 1점 우수 멘토 선정 - 2점 우수 멘토링 쌍 선정 - 2점 모니터 설문 평가 - 2점 멘제의 설문 평가 - 5		30	12개월 기준
종합인증			200	

Theme 8

Case 청소년 멘토링 Best - 12

이 테마는 청소년 개발과 영재개발 과정에서 인간성(Hightouch)을 주요 테마로 다루고 특별히 올림픽 금메달선수(Gold Star) 4명과 월드스타선수(World Star) 4명 그리고 영재 스타 4쌍 등 12쌍의 청소년 스타 탄생을 모델로 내세워 그중 '멘토 역할 적합성 평가'를 분석 자료로 제공하여 올바르게 멘토링을 하는 데 지침서로 활용할 수 있도록 했다.

멘토링은 자기의 전문분야의 경기에서 승리하는 것이 목적이 아니고 이러한 영재 스타들이 먼저 인간성 바탕 위에 자신들의 기술을 충분히 발휘할 수 있도록 전인적인 면에서 멘토와 연결해 주는 프로그램이다.

자신들이 가지고 있는 영재성의 테크닉이 예를 들어 축구에 자신의 인생을 거는 것이 아니고 축구가 자기 인생을 보람 있게 해 주고 또한 가치를 높여 줌으로 인하여 인생으로서 성공을 유도하고자 하는 것이다.

아래 영재 스타 10명은 멘토를 만나 얼마나 전인적인 도움을 받아 오늘날 영재 스타로 성장했는가를 '멘토 영향력 평가 자료'와 함께 소개한다.

[멘토 영향력 평가기준]

멘토에 관한 영향력 평가방법은 인간성(인격 – 전인적인 면) 개발에 중점을 두고 아래 3가지 기준을 정하고 멘토가 얼마나 영재 스타로 성장하는 데에 도움을 주었는가로 평가한 것이다.

* 인간성(인격 - 전인적인 면) 도움 평가 Checklist

1) 전문(知)적인 면 - 지식, 기술, 학습, 업무, 정보, 자격증, 학위 등

2) 정서(情)적인 면 - 포용력, 이웃돕기, 정신, 신체건강관리, 인간
   관계 등

3) 의지(意)적인 면 - 의지력, 결단력, 윤리적 리더십, 목표설정,
   기획력, 절제력 등

[멘토 영향력 평가 Sheet]

NO	평가기준	5점 척도				
		5	4	3	2	1
1	전문(知)적인 면(IQ)					
2	정서(情)적인 면(EQ)					
3	의지(意)적인 면(WQ)					

1. Gold Star Best - 4명 올림픽 금메달 사례

   NO1 수영 박태환 / 노민상 멘토

   NO2 역도 장미란 / 김동호 멘토

   NO3 유도 최민호 / 이병근 멘토

   NO4 탁구 유승민 / 김택수 멘토

2. World Star Best - 4명 국제대회 우승 사례

   NO5 축구 박지성 / 히딩크 멘토

   NO6 풋볼 하인스 / 김영희 멘토

   NO7 골프 신지애 / 전현지 멘토

   NO8 바둑 이창호 / 조훈현 멘토

3. 영재 Star Best - 4명 영재 천재급 사례

　　NO9 피겨 김연아 / 박미희 멘토

　　NO10 첼로 장한나 / 서혜연 멘토

　　NO11 골프 박세리 / 박준철 멘토

　　NO12 피아노 김선욱 / 김대진 멘토

Gold Star Best – 4명

국제 올림픽경기 금메달리스트 중 우선 자료 확보된 자 중에서 선별된 4명 스타선수와 도움을 주었던 멘토 이야기를 소개한다.

NO1 수영 박태환 / 노민상 멘토

NO2 역도 장미란 / 김동호 멘토

NO3 유도 최민호 / 이병근 멘토

NO4 탁구 유승민 / 김택수 멘토

NO1 박태환(朴泰桓) 수영선수

멘토: 노민상 감독

수영 불모지 한국에서 어린 시절 천식으로 고생하면서 치료차 수영을 시작하여 베이징올림픽 금메달까지 거머쥔 박태환 스타선수, 그 뒤에는 박 선수에게 인생을 바친 멘토 노민상 코치의 눈물어린 희망이야기가 있다.

1) 박태환 Profile

출생: 1989년 9월 27일(서울특별시)
학력: 단국대학교에 재학 중
수상: 2008년 제89회 전국체육대회 최우수선수(MVP)
     수상
경력: 2008년 제29회 베이징올림픽 수영 400m 금
     메달리스트

그는 5살 때 의사의 추천으로 천식을 치료하기 위해 수영을 처음 시작했다. 2008년 8월 10일에는 베이징의 2008년 하계 올림픽에서 아시아 최초로 수영 400m 자유형에서 3분 41초 86의 기록으로 그랜트 해켓, 장린 등을 꺾고 금메달을 획득하였다.

2) 멘토의 영향력 이야기

멘토 노민상(53세) 감독은 오늘날까지 12년 동안 박 선수를 보살 피고 있으며 현재는 태릉선수촌의 수영 국가대표 감독으로 있다.

(1) 멘토는 전문적인(IQ) 부문에 얼마나 도움을 주었는가?
　　예: 기술, 업무, 학습, 지식, 노하우 등

[세계선수로 경쟁력 강화]

- 노 감독은 2006년 여름 대표팀 사령탑이 됐고, 박태환을 데리 고 나간 첫 대회였던 팬 퍼시픽 챔피언십(캐나다 빅토리아)에서 금 메달 두 개와 은메달 하나를 일궜다. 그해 12월 아시안게임에서 박 태환이 금메달 세 개 등 메달 7개를 따며 대회 최우수선수로 뽑히 자 노 감독은 베이징올림픽까지 영광의 순간을 구상했다.

[4년 후 런던 올림픽 준비]

- 노민상 감독은 벌써 4년 후를 내다보고 있었다. 박태환의 가능 성을 누구보다 잘 알고 있는 그는 2012년 런던올림픽에서 200m와 400m, 1500m에 다시 도전하겠다고 출사표를 던졌다.

(2) 멘토는 정서적인(EQ) 부문에 얼마나 도움을 주었는가?
　　예: 마음관리, 건강관리, 인간관계관리 등

[천재성 개발]

- 노감독은 나이 마흔 즈음에 박태환을 만났다. 일곱 살 꼬마는 이미 기초를 배운 상태였다. "물에 들어가 보라고 했더니 수영을

곧잘 하더라고요. 가르치면 괜찮겠다 싶었죠.” 제자의 가능성을 본 노 감독은 눈앞의 성적에 연연하기보다는 유산소 운동을 꾸준히 시키며 지구력을 키우게 했다.

[가슴과 가슴으로]

- 노 감독은 박태환이 금메달을 딴 직후 믹스드 존에서 가진 기자회견에서 “태환이가 어제 ‘내가 은메달을 따도, 동메달을 따도 대단한 건데 금메달을 따지 못하면 큰일 나는 거죠.’라고 말을 하더라.”고 밝혔다. 노 감독은 “그래서 내가 ‘아니다. 너는 수영하는 순간순간이 한국수영역사를 바꾸는 것이기 때문에 대단한 거다.’라고 태환이에게 말했다. 하지만 가슴이 아팠다.”고 털어놨다.

(3) 멘토는 의지적인(WQ) 부문에 얼마나 도움을 주었는가?
예: 의지적, 결단력, 윤리적, 본능관리, 자기절제 등

[인생 건 결단력]

- “태환이는 내 인생이고 꿈입니다. 목숨을 걸었습니다.” 노민상 수영 대표팀 감독은 ‘선수 박태환’을 올림픽 챔피언으로 만든 스승이자 은인이다. 정작 본인의 인생은 ‘잡초’ 같았다.

[자기 절제력]

- 노 감독은 자신의 자동차 사고 경험에 비추어 자동차를 좋아하는 박태환이 행여 운전하다 다칠까 봐 늘 노심초사하는 마음을 가지고 있다.

[이별의 좌절과 복귀]

- 노 감독은 박태환이 2007년 초 태릉선수촌에서 후원사가 꾸린 전담팀으로 떠나면서 다시 한 번 좌절을 맛봤다. 우여곡절 끝에 2008년 2월에 박태환이 돌아온 뒤엔 서로 약속을 하나씩 했다.

[결단의 약속]

- 박태환은 최대한 빨리 예전의 몸을 만들겠다고 다짐했고, 노 감독은 올림픽이 끝날 때까지 평소 즐기던 술을 끊겠다고 했다.

[영광의 금메달 그 뒤]

- 노 감독은 8월 10일 박태환이 올림픽에서 금메달을 따자 눈물을 흘렸다. 박태환의 훈련일지를 속에 넣어 뒀던 종이엔 '심장의 더운 피 식을 때까지'라는 글귀가 적혀 있다.

* 멘토 영향력 평가표

NO	평가기준	5점 척도(5~1)				
1	전문적 부문(IQ)	5				
2	정서적 부문(EQ)		4			
3	의지적 부문(WQ)	5				

3) 이 장의 멘토링 활동 특징

(1) 눈물 - 노민상 코치는 박 선수의 아테네 올림픽 출발 실격 소식을 듣고 박 선수 아버지 박인호(59세) 님과 술잔을 기울이면서 애석히 여겼다.

(2) 협력 – 금번 베이징 금메달은 대표팀 우원기(34) 코치와 한국 체육과학 연구원의 송홍선 박사가 맞춤형 훈련프로그램으로 힘을 합쳤다.

(3) 모범멘토 – 노민상 감독은 감독이라기보다는 전형적인 멘토로 전인적인 방법을 다 동원하여 한국 수영역사상 처음 올림픽에서 금메달을 딸 수 있게 지도하였다. 가장 돋보이는 부문은 지도자로서 의지력과 결단력이다. 국내 모든 지도자들에게 벤치마킹 자료로 활용하기를 권한다.

NO2 장미란(張美蘭) 역도선수

멘토 1: 문영진 코치

멘토 2: (고)김동희 코치

베이징올림픽의 금메달리스트 장미란 선수는 세계가 인정한 이 시대의 헤라클레스로 인정받고 있다. 과학적인 체력관리로 보살펴 준 멘토 1 문영진 박사님, 그보다 훨씬 전부터 여자 역도선수의 대모가 되었던 멘토 2 (고)김동희 코치님의 희망이야기를 들어 보자.

1) 장미란 Profile

출생: 1983년 10월 9일(강원도)
소속: 고양시청
학력: 고려대학교 체육교육(재학)
수상: 2008년 외신홍보상 스포츠 부문
경력: 2008년 제29회 베이징올림픽 역도 국가대
표 금메달

장미란 선수는 대한민국의 역도선수이다. '여자 헤라클레' 장미
란이 16일 오후 중국 베이징 항공 우주대 체육관서 열린 2008 베
이징올림픽 여자 역도 75kg급에 출전해 세계신기록을 세우며 금메
달을 차지했다. <뉴욕 타임스>는 최근 '가장 아름다운 몸매 5인'
가운데 하나로 장 선수를 꼽았다. 그는 체지방이 적고 근육량이 많
아 선천적으로 힘을 쓰기에 적합한 체질을 갖고 있다.

2) 멘토의 영향력 이야기

멘토 1 문영진 박사는 2002년 중반부터 역도과학화로 장 선수를
지도하여 최근 3차원 영상 분석과 근전도 분석을 통해
장미란의 기록 향상과 과학적인 약점 보완을 통해 베이
징 금메달 수상에 기여했다.
멘토 2 김동희 코치는 대모역할로 심리상담, 정신력 다짐으로 베
이징 금메달 수상에 기본적인 지도를 해 주었다.

(1) 멘토는 전문적인(IQ) 부문에 얼마나 도움을 주었는가?
    예: 기술, 업무, 학습, 지식, 노하우 등

[과학적으로 장 선수 약점 발견]
  - 2006년 장미란 선수가 세계선수권대회에서 우승한 뒤 어딘가
동작이 부자연스럽다는 지적에 따라 문영진 박사는 근전도 분석
등 정밀 테스트를 통해 장미란 선수가 바벨을 들어 올릴 때 근력이
약한 오른 다리를 뒤로 10㎝ 정도 빼는 습관을 밝혀냈다.

[문제점 과학적으로 해결 성공]
  - 문영진 박사를 비롯한 연구팀과 역도 대표팀은 좌우 균형을
맞추는 데 주력했고 1년여 동안 잘못된 동작을 서서히 고쳐 좌우
근육의 완벽한 균형을 이루는 데 성공했다. 체육과학연구원은 이를
위해 1초에 100장 이상 연속 촬영하는 특수 카메라를 훈련장에 설
치하는 등 투자를 아끼지 않았다.

[스포츠 과학의 큰 도움]

－장미란 선수도 금메달을 딴 뒤 인터뷰를 통해 "내가 무엇이 부족한지 모르고 있는 것과 알고 있는 것은 큰 차이"라면서 "스포츠과학을 통해 단점을 확실히 알고 보완한 게 큰 도움이 됐다."고 말했을 정도다.

[하체의 힘으로 용상에서 3연 승부]

－장미란은 인상보다 용상이 훨씬 강하다. 장미란은 2005년부터 세계선수권대회를 3연패 했는데, 항상 인상에서 무솽솽에 뒤졌지만 용상에서 승부를 뒤집었다. 장미란이 용상에 강한 것도 하체 힘이 좋기 때문이다. 용상은 바벨을 가슴 위까지 받쳐 들고 일어난 뒤, 머리 위로 번쩍 치켜드는 두 동작으로 나뉜다. 저크 동작은 팔과 어깨 힘이 많이 필요할 것 같지만 실제로는 무릎이 가장 중요하다. 문 박사는 먼저 무릎을 굽혔다가 쭉 펴는 힘으로 역기를 들어 올리고 팔은 그저 고리를 걸듯이 바벨 무게를 버티고만 있는 것이라고 말했다.

(2) 멘토는 정서적인(EQ) 부문에 얼마나 도움을 주었는가?

　　예: 마음관리, 건강관리, 인간관계관리 등

[카운슬러 김동호 코치]

－2004 아테네 올림픽에서 은메달을 딸 때 장미란을 지도했던 김 코치는 태릉선수촌 역도 지도위원으로 있으면서 감수성이 예민한 장미란의 카운슬러로 큰 역할을 했다.

[역도의 대모 김동희 코치]

- 여자 역도선수들에게 김 코치는 '대모'로 통했다. 고민이 있을 때는 자상한 언니였고 기량이 늘지 않을 때는 최고의 선생님이었다. 김 코치는 힘든 지도자 생활을 하면서도 대학원에 진학해 석사와 박사 과정을 마쳐 이론에도 해박했다. 재주가 많았지만 삶은 짧았다.

(3) 멘토는 의지적인(WQ) 부문에 얼마나 도움을 주었는가?

　　예: 의지적, 결단력, 윤리적, 본능관리, 자기절제 등

[의지력 강한 김동희 코치]

- 세상을 떠나기 전 1년여에 걸쳐 투병을 했던 그는 장미란과 윤진희 등 병문안을 오는 제자들에게 "찾아오지 말라"고 했다. 그 시간에 훈련을 더해 올림픽을 준비하라고 했다. 병원에서 최소한 석 달은 더 살 거라고 했는데……. 제자들이 아예 오지 못하게 일찍 눈을 감았다.

[장미란의 분투 우승]

- 고인이 된 김 코치는 베이징에 오지 못했다. 하지만 한 장의 종이가 되어 딸이었고, 동생이었던 선수들의 경기를 지켜봤다. 장미란은 16일 경기에서 단 한 차례의 시도도 실패하지 않고 거뜬하게 역기를 들어 올렸다. 마치 하늘에서 누군가 바벨을 끌어당겨 주는 것 같았다.

NO	평가기준	5점 척도(5~1)				
1	전문적 부문(IQ)	5				
2	정서적 부문(EQ)		4			
3	의지적 부문(WQ)		4			

3) 이 장의 멘토링 활동 특징

<뉴욕 타임스>는 최근 '가장 아름다운 몸매 5인' 가운데 하나로 장 선수를 꼽았다. 그는 체지방이 적고 근육량이 많아 선천적으로 힘을 쓰기에 적합한 체질을 갖고 있다.

문영진 박사는 장미란의 괴력은 1) 균형 잡힌 몸, 2) 강인한 하체, 3) 뛰어난 기술의 3박자가 들어맞은 것이라고 했다.

멘토 1 체육과학연구원(KISS) 문영진 박사는 "장미란은 역도선수로서 신이 내린 몸매를 가졌다."고 칭찬했다. 그리고 문 박사는 "역도에서 가장 이상적인 기술이 어떤 것이냐를 선수들에게 정확히 알려 주는 게 나에게 주어진 임무"라고 말했다.

NO3 최민호(崔敏浩) 유도선수

멘토: 이경근 감독

지난해 베이징올림픽 첫 금메달로서 온 국민에게 첫 기쁨을 안겨줬던 유도선수 최민호. 그 뒤에는 업어치기 특기를 전수해 준 이경근 마사회 감독이 있었다. 금메달을 만든 두 사람의 희망이야기를 들어 보기로 하자.

1) 최민호 Profile

출생: 1980년 8월 18일
학력: 용인대학교
경력: 국제유도대회 남자 66kg급 금메달리스트
2008년 제29회 베이징올림픽 금메달리스트

최민호(崔敏浩, 28세) 선수는 대한민국의 유도선수이다. 2008년 중국 베이징에서 열린 제29회 하계 올림픽 대회에서 오스트리아의 루드비히 파이셔를 꺾고 우승하였으며, 대한민국의 이 대회 첫 번째 금메달의 주인공이 되었다. 특히 이 대회에서 최민호는 예선부터 결승전까지 모두 한판승으로 다른 선수들을 꺾었다.

2) 멘토의 영향력 이야기

멘토인 이경근(47) 감독은 1988 서울올림픽 남자 유도 65kg급 금메달리스트로서 1990년부터 지도자 길을 걸었고 마사회 감독이 되면서 2008년 7월부터 최 선수와는 감독과 선수 사이로 다시 만났다.

(1) 멘토는 전문적인(IQ) 부문에 얼마나 도움을 주었는가?

　　예: 기술, 업무, 학습, 지식, 노하우 등

[업어치기 기술 선택]

　- 최민호에게 배대 뒤치기를 가르쳤지만 그 기술은 최민호와 맞지 않았다. 베이징올림픽엔 허벅다리 후리기를 쓰지 않는 전략으로 나갔다. 자주 썼던 기술이지만 되치기를 당할 가능성이 높다고 생각했고, 그 판단은 틀리지 않았다. 대신 이 감독과 집중적으로 연마한 '최민호표 업어치기'가 효과를 봤다. 상대를 업은 뒤 그 어깨 아래쪽으로 떨어뜨리는 일반적인 방식과는 달리 최민호의 업어치기는 오른쪽으로 업어 왼쪽으로 떨어뜨리는 변칙 기술. X 자 형태로 엇갈리게 도복을 쥐는 최민호의 고유 기술은 이 감독의 조련을 통해 베이징올림픽의 '필살기'가 됐다.

(2) 멘토는 정서적인(EQ) 부문에 얼마나 도움을 주었는가?

　　예: 마음관리, 건강관리, 인간관계관리 등

[룸메이트로 첫 대면]

　- 멘토인 이경근 감독이 최민호와 처음 인연을 맺은 것은 2005년 11월이었다. 당시 여자대표팀 코치였던 이 감독은 최민호와 태릉선수촌에서 룸메이트가 됐다. "민호가 워낙 말이 없어 한방을 쓰면서도 별 대화가 없었죠. 그런데 어느 날 집에서 가져왔다며 민호가 송이버섯을 불쑥 내밀더라고요. 그 모습이 참 귀여웠어요."

[말이 없는 민호]

－멘토인 이 감독과 최 선수는 많은 말이 필요 없었다. 연습할 때 도복 깃을 잡으면 서로 알 수 있었다. 불만 없이 따라와 준 민호에게 고맙다는 말을 하고 싶었다.

(3) 멘토는 의지적인(WQ) 부문에 얼마나 도움을 주었는가?

　　예: 의지적, 결단력, 윤리적, 본능관리, 자기절제 등

[금메달 앞두고 마지막 다짐]

－마지막은 마음에 달려 있었다. 이 감독은 루드비히 파이셔(오스트리아)와의 결승전을 앞두고 최민호에게 주문했다. "조용히 말했죠. '아테네 때 동메달을 따고 (이)원희랑 비교될 때 기분을 잊지 않고 있느냐. 금메달과 다른 메달의 차이는 네가 가장 잘 알고 있을 것이다. 후회 없이 해라.'고요." 말없이 고개를 끄덕거린 최민호는 결승 경기 시작 2분 14초 만에 한판승을 거뒀다. 2008년은 이 감독에겐 잊지 못할 한 해가 됐다.

* 멘토 영향력 평가표

NO	평가기준	5점 척도(5~1)				
1	전문적 부문(IQ)	5				
2	정서적 부문(EQ)		4			
3	의지적 부문(WQ)		4			

3) 이 장의 멘토링 활동 특징

최민호는 중학교 때 팀 동료들이 밤 10시면 귀가하는 통에 야간 훈련 상대를 구하지 못했다. 하는 수 없이 아버지를 밤늦게까지 업어 치며 기술을 익혔다. 그런 훈련 독종이었지만 최민호에게 상복은 없었다. 지난 15년간 크고 작은 대회 때마다 동메달에 그쳐 별명이 '동메달 그랜드슬래머'였다.

금메달을 따고 나서 최 선수는 냉정한 승부 세계이지만 준우승을 한 루드비히 파이셔(오스트리아) 선수와 포옹으로 아름다운 매너를 보여 주었다.

멘토인 이경근 감독은 88 올림픽 금메달리스트로 1990년부터 지도자 길을 걸었고 금번 베이징올림픽에서는 최 선수에게 이 감독이 집중적으로 연마시킨 '최민호표 업어치기'가 효과를 봤다. 이 감독의 조련을 통해 베이징올림픽의 '필살기'가 됐다.

멘토인 이경근 감독은 작고한 아버지 이석도 님 본인 그리고 아들 이재우까지 3대에 걸쳐 유도 가문을 이어 가고 있다.

NO4 유승민(柳承敏) 탁구선수

멘토: 김택수 코치

중국 선수에게 가려 번번이 우승의 문턱에서 좌절을 맛보았던 한국 탁구, 아테네 올림픽에서는 달랐다. 멘토 김택수 코치는 자신이 선수로 출전을 포기하면서까지 열정, 기술, 무기 세 가지로 유승민에게 매달렸다. 결승에서 드라마틱하게 왕하오를 꺾고 금메달을 움켜쥔 희망이야기를 소개한다.

1) 유승민 Profile

출생: 1982년 8월 5일
학력: 경기대학교 체육학 학사
수상: 2008년 국제탁구연맹 칠레 오픈 남자단식 우승
경력: 2004년 8월 아테네 올림픽 금메달리스트

유승민(柳承敏) 선수는 대한민국의 탁구선수이다. 2004년 8월 아테네 올림픽에서 탁구 남자 개인전에서 중국의 왕하오를 세트 스코어 4 : 2로 꺾고 금메달을 차지했다. 한국 탁구가 '신화의 땅'에서 난공불락의 요새로 여겨졌던 만리장성을 허물고 16년 만에 금메달을 따는 쾌거를 이뤘다.

한국 남자 탁구의 '희망' 유승민(삼성생명)은 23일 그리스 아테네 갈라치 올림픽 홀에서 열린 남자단식 결승에서 중국의 차세대 에이스 왕하오(세계 4위)를 4 : 2(11 : 3, 9 : 11, 11 : 9, 11 : 9, 11 : 13, 11 : 9)로 꺾고 금메달을 획득했다.

2) 멘토의 영향력 이야기

멘토 김택수의 조기 은퇴라는 희생이 '훌륭한 후배' 유승민(22, 삼성카드)을 한국 탁구사상 16년 만에 아테네 올림픽 남자단식 결승전에 진출하여 금메달 우승의 밑거름이 되었다.

(1) 멘토는 전문적인(IQ) 부문에 얼마나 도움을 주었는가?

　예: 기술, 업무, 학습, 지식, 노하우 등

[3개월 동안 노하우 전수]

　－탁구에서 같은 펜홀더 드라이브전형인 유승민에게 김택수는 지난 3개월간 그의 노하우를 모두 전수했다. 유승민은 빠르게 '닮은꼴 선배' 김택수의 모든 것을 빨아들였고, 금방 그 결과를 쏟아냈다.

[기술전수가 준결승에서 효과]

- 유승민은 준결승전에서 스피드와 파워로 발트너를 압도했다. 세계 최고의 포핸드와 위력적인 백핸드, 쉴 틈을 주지 않는 연속공격은 유승민이 김택수를 통해 다시 태어나고 있음을 보여주고 있었다.

[다윗과 골리아에서 기적의 승리]

- 유승민은 그동안 왕하오와의 역대 전적에서도 6전 6패. 양국의 자존심이 걸린 대망의 결승전. 유승민은 장기인 포핸드 드라이브로 승부수를 띄웠고 왕하오는 비장의 무기인 이면타법(펜홀더 라켓 뒷면으로 백핸드를 치는 기술)으로 사각을 찔러 왔다. 결과는 유승민의 4 : 2 완승. 한국 탁구는 88년 유남규 이후 16년 만에 세계 정상을 정복했다.

(2) 멘토는 정서적인(EQ) 부문에 얼마나 도움을 주었는가?
　　예: 마음관리, 건강관리, 인간관계관리 등

[김택수의 한 알의 밀알 역할]

- 김택수, 유승민이 남자단식 16년 만에 결승 밑거름 한 알의 밀알이 싹을 틔웠다. 논란이 됐던 조기 은퇴. 그러나 남자탁구 대표팀 코치 김택수(33, KT&G)의 조기 은퇴는 밀알이 됐다. 그의 희생이 '훌륭한 후배' 유승민(22·삼성카드)을 한국 탁구사상 16년 만에 2004년 아테네 올림픽 남자단식에서 금메달을 거머쥐게 하였다.

[우승자의 겸손요구]

－김택수 코치 그가 바로 멘토 모델이다. 그는 기술 지도뿐만 아니라 정신 지도까지 훌륭하게 해낸 사람이다. 금메달을 딴 후에도 유승민에게 겸손을 요구했고 앞으로 더 호된 훈련에 대비하라고 권고했다.

[유승민의 겸손한 대응]

－또한 유승민은 "비록 자기가 운 좋게 중국 선수를 이겼지만 중국의 탁구 실력은 대단하며 왕하오는 운이 안 좋아 진 것이다."라고 겸손한 마음과 패자인 상대선수와 중국을 배려한 점은 선수 이전에 인간됨의 한 단면을 보여주었다.

(3) 멘토는 의지적인(WQ) 부문에 얼마나 도움을 주었는가?
　　예: 의지적, 결단력, 윤리적, 본능관리, 자기절제 등

[희생적인 결단]

－2004년 아테네 올림픽을 앞두고 갑자기 김택수 선수가 은퇴선언을 하게 된다. 누구보다도 아쉬워했던 사람이 김택수 본인이었다. 그러나 그는 결심을 굽히지 않았다. '아끼는 후배, 승민이를 키워 보자.'는 일념뿐이었다. 일찍부터 '탁구 신동' 소리를 들었고, 부천 내동중 3학년이던 지난 97년부터 국가대표에 선발돼 꾸준히 성장해 왔지만 아직 부족함이 엿보이는 유승민을 키워 세계 정상에 세우고 싶었다.

* 멘토 영향력 평가표

NO	평가기준	5점 척도(5~1)				
1	전문적 부문(IQ)	5				
2	정서적 부문(EQ)		4			
3	의지적 부문(WQ)			3		

3) 이 장의 멘토링 활동 특징

- 로이터 통신은 "금 후보로 유력한 쪽은 왕하오였지만 그는 유승민의 빛나는 경기력을 당할 수 없었다."고 평했고 이 경기를 아테네의 명승부 중의 하나로 꼽았다.

- 멘토인 김택수 코치의 리더십

그는 탁구대표선수로 선발되었으나 차세대를 위해 양보의 미덕을 발휘했다. 그는 유승민에게 자기의 비밀 병기로 여기는 빠타(일본에서 브랜드화한 것)를 넘겨주었다. 그는 왕하오의 이면타법을 집중적으로 연구하여 하루에 수백 번 대응법을 훈련시켰다.

World Star Best – 4명 국제대회 우승 사례

청소년의 시기에 멘토를 만나 남다른 노력과 탁월한 역량개발로 국제대회에서 우승 경력이 있는 선수 중에서 4명을 선발하여 희망 이야기를 소개한다.

NO5 축구 박지성 / 히딩크 멘토

NO6 풋볼 하인스 / 김영희 멘토

NO7 골프 신지애 / 전현지 멘토

NO8 바둑 이창호 / 조훈현 멘토

NO5 박지성(朴智星) 축구선수

멘토: 히딩크 감독

왜소한 체격에 그리고 축구하기에 불리한 평발에, 이러한 어려운 여건 가운데 택한 축구, 모진 고난 속에 정신력으로 버티고 있는 박지성 선수에게 구세주로 나타난 멘토 히딩크 감독, 슬럼프를 맞고 있을 때 "박지성은 정신력이 뛰어나 성공할 수 있다."라고 던진

감동의 한마디는 월드컵 4강, 에인트호벤 그리고 맨유까지 박지성을 스타선수로 만든 희망이야기가 되었다.

1) 박지성 Profile

출생: 1981년 2월 25일
소속: 맨체스터유나이티드FCMF(미드필더)
학력: 명지대학교
데뷔: 2000년 교토 퍼플상가 입단
수상: 2007년 잉글랜드 프리미어리그 우승
경력: 2008년 경기 국제보트쇼 및 코리아 매치컵 세계요트대회 홍보대사

박지성(朴智星) 선수는 대한민국의 프로 축구선수이다. 2002년 한일 월드컵과 2006년 독일 월드컵에 국가 대표로 출전하였고 2005년 UEFA 챔피언스리그 본선에 PSV 에인트호벤 소속으로 참가하여 AC 밀란과의 4강전에서 한국인 최초로 득점을 기록했다. 2005년 6월 맨체스터 유나이티드의 알렉스 퍼거슨 감독에 의해 발탁되었다. 최근 박지성(28)은 새벽(2009년 5월 28일) 이탈리아 로마에서 열린 UEFA(유럽축구연맹) 챔피언스리그 결승전 FC 바르셀로나와의 경기에 선발로 출전해 66분을 뛰었다. 그는 아시아 선수 중 최초로 꿈의 무대인 챔피언스리그 결승전 무대를 밟은 영예를 누렸다.

2) 멘토의 영향력 이야기

멘토 히딩크 감독은 2001년 한국 월드컵 축구 대표 감독으로 취임하여 한국팀이 4강 신화를 이룩하게 했으며 그 후 본국 에인트호벤 감독으로 가면서 박지성 선수를 스카우트하여 3년 정도 보살펴 주었다.

(1) 멘토는 전문적인(IQ) 부문에 얼마나 도움을 주었는가?
  예: 기술, 업무, 학습, 지식, 노하우 등

[선수 개별 트레이닝 방법]
 − 그는 선수 개개인의 체력의 가치를 개발했다. 먼저 파워 프로그램을 도입하여 선수들의 체력을 요소요소 체크하여 과학적으로 관리해 줌으로써 선수들이 90분간 충분한 체력을 유지할 수 있도록 강훈련을 시켰다.
 − 그는 선수 개개인의 기술의 가치를 개발했다. 그는 비디오(Video) 분석 프로그램으로 자(自), 타(他) 선수들의 경기 테크닉까지 하나하나 분석해 줌으로써 자신은 물론 타 선수들의 기술까지 분석할 수 있어 실력 제일주의의 분위기를 만들었다.
 − 그는 선수 개개인의 따뜻한 인정 개발에 남다른 방법을 택했다. 그는 축구의 전문가로서 기술은 물론 사람 자체도 챙길 줄 아

는 지도자로서 선수들의 정신력, 경쟁력, 담력, 경험, 체력 등을 개
발하는 데 노하우를 갖고 있다.

[많이 준 기회]

- 히딩크 감독은 평가전에서 박 선수에게 예상외로 많은 기회를
주었다. 처음엔 10분 정도 시합에서 뛰게 하더니 다음번에 20분을,
그 다음번엔 전반전을 모두 뛰게 하는 식이었다.

(2) 멘토는 정서적인(EQ) 부문에 얼마나 도움을 주었는가?
　예: 마음관리, 건강관리, 인간관계관리

[첫 번째, 골인하고 포옹]

- 지난 월드컵 경기가 있고 나서 사람들은 박 선수와 히딩크 감
독을 부자지간처럼 끈끈한 정이 넘치는 사이쯤으로 안다. 2002년
한일 월드컵 본선 조별 예선전 마지막 경기였던 포르투갈과의 경
기에서 골을 넣은 박 선수가 멋진 세레모니 대신 감독 품에 달려가
안긴 행동 등이 그런 생각을 불러일으켰을 것이다.

[두 번째, CF에서 포옹]

- 2005년 두 사람은 한국의 모 기업 방송 광고를 찍었다. 박 선
수가 네덜란드 암스테르담 중앙역을 쓸쓸히 걷다 숙소로 돌아가
보니 거스 히딩크 감독이 손수 끓인 미역국과 케이크로 한 상 차려
놓고 "생일 축하해, 지성!" 하며 박 선수를 반긴다. 그러면 박 선수
는 눈물을 닦으며 감독 품에 안긴다는 콘티다. 이번이 감독과의 두

번째 포옹이었다.

(3) 멘토는 의지적인(WQ) 부문에 얼마나 도움을 주었는가?
　　예: 의지적, 결단력, 윤리적, 본능관리, 자기절제 등

[박 선수 고백 - 칭찬감동]

　- 미국 골드컵 때라고 기억된다. 나는 왼쪽 다리에 부상을 입어 시합에 나가지 못해 텅 빈 탈의실에 혼자 남아 있었다. 잘할 수 있는 기회를 조금이라도 더 많이 보여야 할 그 중요한 때에 하필이면 부상을 당했나 싶어 애꿎은 다리만 바라보며 맥이 빠져 앉아 있었다. 그런데 어디선가 히딩크 감독님이 통역관을 대동하여 나타났다. 성큼성큼 나에게 다가오신 감독님은 영어로 뭐라고 말씀하셨다. 무슨 말인지 몰라 통역관을 바라보았다.

　"박지성 씨는 정신력이 훌륭하대요. 그런 정신력이면 반드시 훌륭한 선수가 될 수 있을 거라고 말씀하셨어요."

　얼떨떨했다. 뭐라 대답도 하기 전에 감독님은 뒤돌아 나가셨고 나는 그 흔한 '땡큐' 소리 한 번 못 했다. 가슴이 두근거렸다. 늘 멀리 있는 분 같기만 했는데, 그런 감독님이 내 곁에 다가와 내 정신력이 훌륭하다는 말을 했다는 것만으로도 힘이 솟았다. 더욱이 그 말은 내 심중을 꿰뚫고 있었다. 정신력, 내세울 것 하나 없는 나일지라도 오래전부터 내가 믿어 왔던 것은 죽는 한이 있어도 버티겠다는 정신력이었다. 그 말은 다른 사람이 열 번 스무 번 축구의 천재다, 신동이다 하는 소리를 듣는 것보다 내 기분을 황홀하게 만들었다.

* 멘토 영향력 평가표

NO	평가기준	5점 척도(5~1)			
1	전문적 부문(IQ)	5			
2	정서적 부문(EQ)			3	
3	의지적 부문(WQ)	5			

3) 이 장의 멘토링 활동 특징

체구도 왜소하고 평발인 박 선수에게 "박지성 씨는 정신력이 훌륭하다."라는 히딩크 감독이 던진 채 1분도 안 되는 그 말 한마디는 "앞으로 내가 살아갈 나머지 인생을 바꾸어 놓았다."고 감격스러워했다.

"만약 내가 히딩크 감독님을 만나지 못했다면 지금의 나도 없었을 것이고 감독님을 평생 갚아도 못 갚을 은혜를 베풀어 주신 은사로 생각하고 있다."

히딩크 감독은 용병술이 어느 감독보다 뛰어나다고 볼 수 있다. 왜냐하면 대표선수 23명 전체와 한편으로는 선수 한 사람 한 사람을 균형 있게 관리를 했다고 보기 때문이다. 특히 정신력의 중요성을 기술로 조화를 이룰 수 있도록 함으로써 남이 넘볼 수 없는 월드컵 4강의 신화를 이루었다고 보는 것이다.

맨유 퍼거슨 감독은 "박지성은 환상적인 선수다. 그는 재계약 제의를 받을 것이다."라고 말했다(2009. 1. 4. 영국BBS 인터넷판).

NO6 하인스 워드(Hines Ward) 미식풋볼선수

멘토: 김영희 어머니

혼혈아로 태어나 결손가정에서 자라면서 미식축구 황제가 된 하인스 워드, 그 뒤에는 멘토 어머니 김영희의 피눈물 나는 고통을 극복한 한국적 모성애가 돋보였다. 아들을 효도하게 하고 핏줄 한국을 사랑하게 하고 결국 미식축구 황제로까지 스타로 만든 희망 이야기가 있다.

1) 하인스 워드 Profile

소속: 피츠버그 스틸러스 미식축구선수
학력: 미국 조지아대 소비자경제학과 졸업
　　　미국 포레스트파크고 졸업
경력: 시니어볼 명예의 전당 헌액
　　　금연 프리에이전트 홍보대사
　　　미국 펜실베이니아 주 워싱턴 명예시장

워드는 1976년 3월 8일 서울에서 주한 미군이던 흑인 아버지와 한국인 어머니 김영희(55) 씨 사이에서 태어났다. 그는 2006년 6월 6일 미프로풋볼 리그(NFL) 결승전인 슈퍼볼에서 우승 트로피와 함께 최우수선수(MVP)를 거머쥔 '한국인의 혼' 하인스 워드(피츠버그 스틸러스 소속팀)다. 2009년 2월 2일 하인스 워드(32)가 뛰는 피츠버그 스틸러스가 6번째 슈퍼볼 우승을 차지했다.

2) 멘토의 영향력 이야기

멘토 김영희(57세) 어머니의 자식을 위한 헌신적 희생과 교육열에 힘입어 NFL(국제풋볼 리그) 슈퍼스타(MVP)로 성장했다. 김 씨가 호텔 청소, 식료품 가게 점원 등으로 하루 16시간을 일하며 아들만을 위해 살아온 감동적인 희망이야기다. 그는 이제 어머니 명의로 재단을 만들어 한국계 2세들을 돕겠다는 뜻도 밝혔다. 그간 자기에게 물심양면으로 도움을 준 한인사회에 보답하겠다는 것이다.

(1) 멘토는 전문적인(IQ) 부문에 얼마나 도움을 주었는가?
    예: 기술, 업무, 학습, 지식, 노하우 등

[어머니의 흔들리지 않는 삶의 자세]

- 어머니는 생존을 위해 하루에 세 가지 일을 했다. 접시를 닦고, 호텔 청소를 하고, 잡화점 계산대에서 일했다. 워드는 '시간당 4달러 25센트의 일'이라고 했다. 어머니는 16시간씩 닥치는 대로

일했다. 워드는 "NFL에 진출한 뒤 흔들리던 나를 지탱해 준 건 어머니의 일하는 모습"이라고 했다.

[한국식 생활 방식]

－저녁에 일하러 나가는 어머니가 밥을 해 놓고 랩을 씌워 놓으면 학교에서 돌아온 워드가 전자레인지에 데워 먹었다. 워드는 "계속 먹다 보니 입맛에도 맞았다."고 했다. 어머니는 워드를 한국식으로 키웠다. 워드는 "집에 돌아오면 한국식으로 신발을 벗으라고 했다."

[향학열로 대학 선택]

－김 씨는 워드를 운동선수로만 키우지 않았다. 하인스는 고교 졸업 무렵 메이저리그 플로리다 말린스로부터 계약금 2만 5000달러의 제안을 받았다. 워드는 망설였다. 그 돈이면 어머니의 고생을 조금 덜어 드릴 수 있었다. 그러나 워드는 "학업은 계속해야 한다."는 어머니의 뜻에 따라 대학 진학을 선택했다. 대신 집(애틀랜타)에서 차로 1시간 거리인 조지아 대학을 택했다. 어머니를 홀로 두기 싫어서였다. 워드는 대학을 평균 86.7점이라는 우수한 성적으로 졸업했다.

(2) 멘토는 정서적인(EQ) 부문에 얼마나 도움을 주었는가?
　　예: 마음관리, 건강관리, 인간관계관리 등

[희생으로 남을 배려]

－특히 워드는 대학 마지막 경기서 쿼터백으로 출전했으며, 리시

빙, 러싱, 패싱 공격 3부분에 걸쳐 모두 1000야드를 돌파하는 전인 미답의 기록을 세울 수 있었다. 그러나 그는 팀 승리를 위해 와이드 리시버로 경기를 마쳤으며, 감독은 "워드는 희생을 아는 선수"라고 했다. 어머니로부터 배운 '희생정신'이 그를 팀을 위해 헌신하게 했다.

[웃음의 천사로 긍정적인 삶]

－1998년 스틸러스 유니폼을 입은 그는 잘 웃기로 유명한 선수다. 팀 동료는 "언젠가 강한 태클에 걸린 워드의 입에서 치아보호대가 튀어 나갔는데도 그는 웃고 있었다."고 했다. 워드는 "항상 긍정적으로 생각한다."고 했다.

(3) 멘토는 의지적인(WQ) 부문에 얼마나 도움을 주었는가?
　　예: 의지적, 결단력, 윤리적, 본능관리, 자기절제 등

[늦게 깨달은 어머니에 대한 효도]

－어머니를 부끄러워하던 8살 소년이 있었다. 어머니의 피부색이 자신과 다른 것도 싫었고, 영어를 못 하는 어머니가 숙제를 도와주지 못하는 것도 싫었다. 그러나 올해 30살이 된 소년은 어머니 이야기만 나오면 눈물을 글썽거린다. "모든 게 어머니 덕분"이라고 한다.

[결단 한글 문신]

－어머니는 하루에 몇 시간밖에 자지 못했지만 언제나 워드에게 깨끗한 옷을 입혔고, 풍족한 용돈을 줬다. 워드는 "어머니는 한 번

도 자신을 위해 돈을 써 본 적이 없다.”고 했다. 이후 워드는 놀림을 받아도 “그래 나는 한국인이다. 그게 내 인생이다.”는 마음을 먹게 됐다고 한다. 지금 워드의 오른쪽 어깨에는 한글로 ‘하인스 워드’란 문신이 새겨져 있다.

* 멘토 영향력 평가표

NO	평가기준	5점 척도(5~1)				
1	전문적 부문(IQ)			3		
2	정서적 부문(EQ)	5				
3	의지적 부문(WQ)	5				

3) 이 장의 멘토링 활동 특징

(미국인들의 감동이야기)

부와 명예를 한손에 거머쥔 하인스 모자의 처절한 인생 얘기는 감동의 스토리에 목말라 있는 미국인들에게 잊혀 가던 도전과 모험, 희생정신, 가족 사랑이 뭔지를 한 번쯤 반추해 보는 계기를 제공한 탓으로 보인다.

(이명박 대통령 초청)

하인스 워드는 2008년 2월 27일 “이명박 대통령 취임식에 참석했다가 돌아가는데 국민들이 너무나 환영해 줘서 고마웠고 이번 방한은 너무 특별했다.”고 밝혔다.

멘토 김영희 어머니는 한 스포츠채널과의 인터뷰에서 “아들에게 늘 하는 이야기는 한 가지다. 겸손하라(Be humble)고 한다.” 미국의 한 스포츠 전문지는 “워드를 울리려면 어머니 이야기만 꺼내면 된다.”고 썼다.

하인스는 “나는 어머니의 분신이다. 내 어머니는 나의 모든 것 (everything)이다. 흔들릴 땐 언제나 영감(inspiration)을 제공했다.”고 말하는 것도 전혀 놀라운 일이 아니다. 그리고 워드는 프로에 입단 하면서 제일 먼저 어머니에게 새집과 벤츠 승용차를 선물했다.

NO7 신지애 골프선수

멘토: 전현지 프로

박세리의 뒤를 이어 여자골프 영국 브리티시 오픈 최종라운드에 서 우승 등 국제대회에서 3번 우승하고 LPGA에서 뜨는 별로 인정 받고 있는 신지애 선수! 그 뒤에는 멘토 전현지 님의 체계적이고 따듯한 리더십의 숨은 배려가 있었다.

1) 신지애 Profile

출생: 1988년 4월 28일(전남 광주)
학력: 연세대 체육교육 함평골프고 졸업
경력: 미국 LPGA투어 ADT챔피언십 우승
미국 LPGA 미즈노클래식 우승
미국 LPGA브리티시여자오픈
골프대회 우승

신지애(21)가 15일 미국의 골프 전문 사이트 골프닷컴이 발표한 '올해의 골프 지배자들(Dominators Of The Year)' 순위에서 타이거 우즈와 로레나 오초아를 제치고 1위에 올랐다. 골프닷컴은 스포츠 일러스 트레이티드 닷컴과 CNN 네트워크 사이트로, 골프계의 다양한 화제와 흥미로운 랭킹들을 다루고 있다.

골프닷컴은 올해 세계 골프무대에서 가장 큰 성취를 이룬 10명의 선수 순위를 매기면서, 스무 살의 천재 골퍼인 신지애가 브리티시오픈에서 첫 메이저 타이틀을 차지했고, 시즌 최종전인 ADT챔피언십 우승으로 100만 달러의 상금을 받았으며, 한국의 3대 메이저 타이틀을 휩쓸었다고 소개했다.

2) 멘토의 영향력 이야기

멘토 전현지 프로는 신 선수가 2004년 국가대표 상비군에 선발됐을 때부터 현재까지 본격적으로 사제의 연을 맺게 됐다.

여기에서는 멘토 전현지 프로가 신지애 선수를 위하여 얼마나 도움을 주었는가를 '멘토링 영향력 평가'로 분석한 자료를 살펴보기로 하자.

(1) 멘토는 전문적인(IQ) 부문에 얼마나 도움을 주었는가?
  예: 기술, 업무, 학습, 지식, 노하우 등

[골프 학습 3가지]

－전현지 프로는 골프 실력 향상의 세 가지 팁을 소개했다. 실패를 즐기면서 배우고, 자신만의 스윙을 찾고, 비거리를 늘리고 싶으면 하체부터 단련하라는 것이다. 특히 스윙은 사람마다 다를 수밖에 없다는 점을 이해하는 것이 중요하다고 했다.

[오버스윙 6개월 훈련 시정]

－전 프로는 신지애의 오버스윙을 6개월에 걸쳐 몸에 맞는 간결한 스윙으로 바꾸었고, 골프 심리학 서적을 많이 읽도록 추천했다. 신지애는 "그때 처음으로 골프가 마음의 운동이고, 스윙에 공간이 왜 필요한가를 깨달았다."고 했다.

[타고난 손감각 － 천재성 발견]

－전 프로는 신지애에게 두 번 놀랐다고 했다. 각종 게임을 할 때의 손놀림이었다. "조이스틱이나 키보드를 갖고 게임할 때 지애의 손놀림은 직접 보지 않으면 믿기지 않을 정도였어요. 다른 선수들이 입을 다물지 못하고 구경만 했으니까요." 타고난 손감각을 골프 능력으로 발전시키는 노력은 더 대단했다.

(2) 멘토는 정서적인(EQ) 부문에 얼마나 도움을 주었는가?
  예: 마음관리, 건강관리, 인간관계관리

[만남 - 인연의 시작]

- 2003년 12월 11일 중학생이던 신지애는 한국여자프로골프협회(KLPGA) 대상 시상식에서 아마추어에게 주는 장학금을 받았다. 당시 대표팀 전현지 코치가 '정말 어려운 환경에서 열심히 하는 선수가 있다.'는 제자들의 의견을 듣고 추천했다. 시상식이 끝난 뒤 "우리 꼭 다시 만나자."라는 전 코치의 말에 신지애는 "선생님, 꼭 그럴게요."라고 간신히 답했다. 인연의 시작이었다.

[배려하는 마음]

- 전 프로는 "언제라도 더 큰 배움이 필요하면 나에게 연연해하지 말라."고 "벌써 지애에게 이야기한 적 있다."고 전했다.

(3) 멘토는 의지적인(WQ) 부문에 얼마나 도움을 주었는가?
　예: 의지적, 결단력, 윤리적, 본능관리, 자기절제 등

[자기 관리 - 밤샘 연습]

- "지애만큼 훈련할 수 있는 선수는 세상에 없을 거예요. 대표팀 코치 시절 골프 연습으로 밤을 새워 본 적이 있느냐는 질문에 손을 든 애는 지애하고 일본에서 뛰는 이동환밖에 없었으니까요."

이미 3년 전부터 국내 무대를 평정한 신지애는 무엇을 더 배우고 있을까? 신지애는 국내에 있을 때는 틈나는 대로 사무실을 찾아와 레슨을 받고, 해외 대회 도중에도 국제전화로 스윙과 마음가짐에 대한 상담을 받고 있다.

[겸손 가르침]

- "저는 아이들과 대화를 많이 해요. 이메일이든 전화든 늘 마음을 주고받으려고 노력하죠. 지애는 지난해에는 마지막 라운드가 아니라 처음부터 잘 치고 싶다는 얘기를 했고, 올해는 거리가 줄어서 고민이라고 했지요." 전 프로는 "거리를 늘리기 위해 시즌 중에 스윙을 바꿔서는 안 된다고 했죠. 정확성을 높여서 줄어든 거리를 만회하는 게 해결책이라고 생각했다."고 말했다. 그녀는 "요즘엔 지애를 볼 때마다 '머리를 더 숙여야 해, 너는 아직 아이야.'라고 말한다."고 했다.

* 멘토 영향력 평가표

NO	평가기준	5점 척도(5~1)				
1	전문적 부문(IQ)	5				
2	정서적 부문(EQ)		4			
3	의지적 부문(WQ)		4			

3) 이 장의 멘토링 활동 특징

미국의 '뉴욕 타임스'가 신지애(20, 하이마트)를 '아니카 소렌스탐의 공백을 메울 샛별'로 평가했다.

미국의 골프 전문 사이트 골프닷컴은 발표한 '올해의 골프 지배자들(Dominators Of The Year)' 순위에서 타이거 우즈와 로레나 오초아를 제치고 신지애가 1위에 올랐다.

뉴욕타임스는 '떠오르는 스타, 집에선 큰 누나'라는 제목의 기사에서 신지애의 여러 가지 별명과 어려운 집안환경에서 최고 선수로 우뚝 선 휴먼스토리를 다뤘다.

멘토 전현지 프로는 배우기 좋아하는 사람으로 경희대에서 스포츠심리학으로 석사를, 미 LPGA 티칭 클래스 A 자격증도 따고, 건국대 체육학과 '골프지도자 교육의 반성과 대안탐구: 인문적 접근'이란 논문으로 박사 학위를 받았다. 꿈은 '제자들과 함께 가르치고 배우며 성장하는(敎學相長) 정말 좋은 지도자가 되는 것'이다.

NO8 이창호(李昌鎬) 바둑기사

멘토: 조훈현 사범

이창호 기사는 전주에서 유명한 전주 중앙동 이시계점 손자로 할아버지 손에 이끌리어 바둑에 입문하게 되었다. 두 사람의 멘토를 거쳐 조훈현 사범과 가정 숙식을 같이한 멘토링 동행 관계의 희망이야기를 들어 보기로 하자.

1) 이창호 Profile

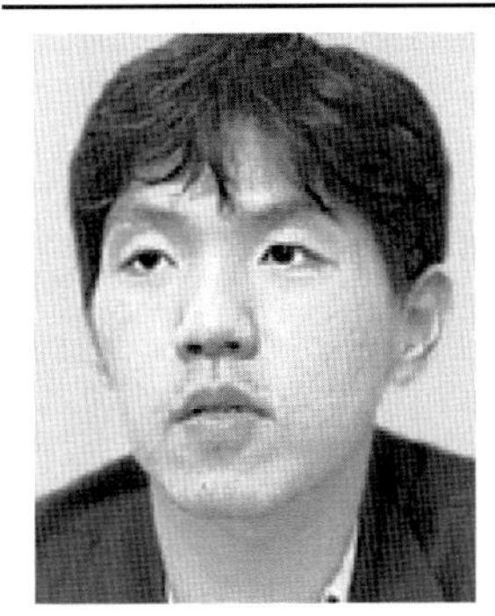

출생: 1975년 7월 29일(전주)
학력: 중암고등학교
데뷔: 1984년 어깨동무 바둑왕전
수상: 2009년 바둑대상 우수기사상
경력: 2007년 농심 세계바둑최강전
　　　세계대회(한, 중, 일, 대만) 4회 잉씨배 우승

이창호(李昌鎬) 선수는 대한민국의 프로 바둑기사이다. 그는 조훈현 문하생으로 견고한 기풍과 대국 중의 흔들리지 않는 표정으로 바둑인들에게서 돌부처라는 별명을 얻게 되었다.

2) 멘토의 영향력 이야기

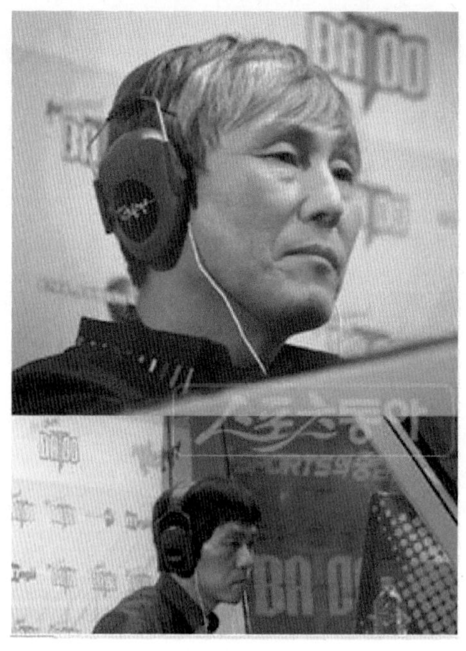

멘토 1 할아버지는 바둑 입문의 길잡이가 되어 주셨다.

멘토 2 조훈현(56세) 사범은 중국·일본 바둑에 밀려 변두리 취급을 받던 한국 바둑을 세계 최강의 자리로 끌어올린 분이다. 최초로 '바둑황제'라는 칭호를 받았다. 가정 숙식하면서 오늘의 '프로기사 이창호'를 다듬고 완성해 주었다.

(1) 멘토는 전문적인(IQ) 부문에 얼마나 도움을 주었는가?

　　예: 기술, 업무, 학습, 지식, 노하우 등

[할아버지 도움과 교훈]

　- 할아버지는 내게 바둑돌을 쥐여 주셨지만, 그 일이 내 인생을 결정지을 것이라고는 상상하지 못했을 것이다. 할아버지는 내가 프로 입문에 이르기까지 할 수 있는 모든 것을 다 베풀어 주셨다.

　"어떤 상대도 경시하지 마라. 토끼 한 마리를 잡아도 호랑이는 최선을 다한다." "세상에 공짜는 없다. 받은 것이 있다면 반드시 그보다 더한 것으로 갚아 주어라."

　할아버지의 가르침, 할아버지와 함께한 유년의 기억들은 습관처럼 굳어져 나의 모든 승부에 고스란히 나타나고 있다. 사람들은 나의 對局(대국) 태도나 바둑 내용을 보고 '平靜心(평정심)은 타고났다.'고 한다. '돌부처'·'강태공' 같은 과분한 별명을 붙여 주었지만, 그것은 나의 천성이라기보다 할아버지의 오랜 가르침이 나의 정신에 스며든 결과이다.

[조훈현 멘토와 한중일 잉씨배 바둑 제패]

　- 그동안 한국 바둑이 실력 면에서 계속 왕따를 당하다가 1988년 대만 주관(고 잉창치 창설) 한·중·일·대만 등 4대국 왕창기 잉씨배 1회에서 예상을 뒤엎고 한국 조훈현 기사가 기라성 같은 중국의 임해봉, 섭위평과 혈투하면서 최초로 우승을 차지하게 되었다. 그 후 이창호 기사가 대를 이어 한·중·일전의 잉씨배 4회 우승자로 자리를 지켰다.

(2) 멘토는 정서적인(EQ) 부문에 얼마나 도움을 주었는가?

　　예: 마음관리, 건강관리, 인간관계관리 등

[가정 숙식 동행 멘토링]

　- 멘토 조훈현 사범은 감각과 취향이 전혀 다른 이창호 기사를 가정 숙식 內弟子(내제자)로 받아들였다. 세계 정상의 프로가 절정을 달리는 나이에 제자를 받아들이는 일은 프로세계의 '禁忌(금기)'다. 그것도 넓지 않은 집에 부모를 모시는 형편에 집안으로 제자를 받아들여 가르치는 것은, 보통사람의 상상을 뛰어넘는 모험이었다.

[천재보다 노력]

　- 조훈현 사범 멘토는 이 프로를 두고 "재능은 있지만 번득이는 천재는 아니다."라고 말한 때가 있다. 이 기사도 "나 역시 그렇게 생각한다. 노력 없는 최고는 없다. 노력은 재능이라는 비단 위에 한 땀 한 땀 꽃무늬를 수놓는 경건한 정신의 노동이라는 얘기를 들었다. 나는 천재라는 말보다 노력하는 사람이라는 말을 듣고 싶다."라고 대답했다.

(3) 멘토는 의지적인(WQ) 부문에 얼마나 도움을 주었는가?

　　예: 의지적, 결단력, 윤리적, 본능관리, 자기절제 등

[감동의 극치의 결단력]

　- 멘토 조훈현 사범은 자신은 물론, 가족의 희생까지 무릅쓰며 이창호 기사를 받아들여 주었다. 이 특별한 인연은 종교도 없는 이창호에게 문득문득 神(신)의 은총을 생각하게끔 큰 감동을 준 것이다.

[멘토 사범을 극복한 이창호]

- 이창호 9단이 조훈현 9단 밑의 제자였는데 이창호 9단은 처음엔 성적이 3승 12패였다. 그러나 지금은 조훈현 9단이 나이가 많이 들어 이창호 9단과 조훈현 9단이 만나면 거의 이창호 9단의 승리로 끝난다. 멘토를 실력으로 극복한 멘토링의 최선의 선순환 인재 개발이 이뤄진 것으로 볼 수 있는 것이다.

* 멘토 영향력 평가표

NO	평가기준	5점 척도(5~1)				
1	전문적 부문(IQ)	5				
2	정서적 부문(EQ)	5				
3	의지적 부문(WQ)	5				

* 조훈현 멘토는 유일하게 만점으로 평가받음

3) 이 장에서 멘토링 활동 특징

- 세계최연소타이틀 획득(13세, 제8기 바둑왕전)
- 최연소 세계챔피언(17세, 제3기 동양 증권배)
- 이창호 기사는 신문대담에서 "내게는 세 분의 멘토가 계신다. '프로기사 이창호'라는 작품의 첫 번째 멘토는 아마추어 이정옥 5단, 두 번째 멘토는 프로기사 전영선 사범, 세 번째 멘토가 바로 조훈현 사범"이다. 이창호 기사는 "내 인생 멘토들이 내게 준 사랑과 가르침을 따라 나는 뚜벅뚜벅 걸어가고 싶다. '立德勝命'(입덕승명: 덕을 쌓으면 운명도 이겨 낼 수 있다.)이라고 한다. 나의 승부도 나의 삶도 그렇게 되길 바란다."라고 말했다.

영재 Star Best - 4명 영재 천재급 사례

청소년 이전부터, 즉 어린아이 때부터 부모 등 멘토를 만나 영재 천재의 잠재역량을 개발해 줌으로써 한국에서 취약한 부문에 발군의 실력으로 세계대회에서 우승의 기록을 보유한 자 4명의 희망이야기를 소개한다.

NO9 피겨 김연아 / 박미희 멘토

NO10 첼로 장한나 / 서혜연 멘토

NO11 골프 박세리 / 박준철 멘토

NO12 피아노 김선욱 / 김대진 멘토

NO9 김연아(金妍兒) 피겨선수

멘토 1: 어머니 박미희

멘토 2: 코치 신혜숙

피겨 불모지 한국에서 100년 만에 세계대회에서 계속 우승하여 피겨여왕으로 자리를 굳힌 김연아 스타선수, 그 뒤에는 일찍이 천

재성을 개발한 멘토 1 박미희 어머니와 슬럼프를 지혜롭게 극복하
도록 조언해 준 멘토 2 신혜숙 코치의 희망이야기가 숨겨져 있다.

1) 김연아 Profile

출생: 1990년 9월 5일
학력: 고려대학교 재학
수상: 2009년 ISU 세계대회(LA) 그랑프리 우승
      2009년 ISU 4대륙(뱅쿠버) 그랑프리 우승
경력: 2009년 2018 평창동계올림픽 홍보대사
      2009년 한국방문의 해 홍보대사

 1990년 9월 5일 경기도 군포에서 아버지 김현석 씨와 어머니 박
미희 씨 사이의 2녀 중 차녀로 태어난 김연아는 7살 때 처음 스케
이트를 신고 나서 '피겨 신동'으로 불리며 중·고교 선배들을 제치
고 국내 대회를 휩쓸었다. 최근 김연아는 4대륙 피겨선수권대회(2009
뱅쿠버)와 세계대회(2009 LA)에서 절정의 기량으로 금메달을 따내
며 내년 2010년 뱅쿠버 올림픽에서 첫 우승의 청신호를 알렸다.

2) 멘토의 영향력 이야기

멘토 1 박미희 어머니

멘토 2 신혜숙 코치

멘토 1 박미희(50세) 어머니는 19년 동안 어머니로서 트레이너로서 매니저로서 오늘날까지 김 선수를 보살피고 있다.

멘토 2 신혜숙 코치는 김 선수가 초등학교 때 2년 반 코치로 있었으며 현재는 국내 피겨선수 코치로 활동하고 있다.

(1) 멘토는 전문적인(IQ) 부문에 얼마나 도움을 주었는가?

　　예: 기술, 업무, 학습, 지식, 노하우 등

[전문적 조언]

　- 피겨 지식이 전무했던 박 씨가 준(準)전문가로 불리기까지 아이의 재능을 발견하고 키워 낸 그녀의 부단한 노력은 실로 대단하다. 빙판에서 자꾸 넘어지는 딸이 안쓰러워 넘어지지 않게 하려다 보니 넘어지는 원인을 분석하게 됐고, 그것이 자연히 동작이나 기

술에 대한 지적으로 이어졌다. 박 씨는 김 선수가 훈련받는 동안 곁에서 잠시도 떨어져 있지 않는다. 대개 보호자로 따라온 엄마들이 아이가 레슨을 받는 동안 볼일을 보러 가는 것과 대조적이다.

[피겨 학습방법]

 - 김 선수의 행동을 꼼꼼히 챙겨 포인트를 집어내거나 코치가 한 말을 기억해 뒀다가 아이가 놓치는 것을 지적해 줬다. "착지할 때 허리를 좀 더 세워 봐, 아까 똑바로 세웠을 때 안 넘어졌지?" 하는 식이다. 그 한마디로 아이의 자세가 달라지고, 동작이 보완되는 모습을 보면서 '지켜보는 사람'의 중요성을 깨달았다. 박 씨는 "아이는 지켜보는 만큼 달라진다. 이는 비단 피겨에만 해당되는 것이 아니다. 지켜보면서 아이의 그릇된 습관을 부모가 잡아 주면 시간을 절약할 수 있다. 자녀가 얼마만큼 발전하고 있고 어디가 막혔는지 주목해야 한다."고 말했다.

(2) 멘토는 정서적인(EQ) 부문에 얼마나 도움을 주었는가?
　　예: 마음관리, 건강관리, 인간관계관리

[어머니 특수역할]

 - 박미희 씨는 김 선수가 피겨를 시작한 순간부터 지난 10여 년간 그림자처럼 붙어 다니며 '24시간 내조'를 했다. 때로는 코치로, 친구로, 매니저로, 어머니로 1인 다(多)역을 하며 세계적인 선수로 키웠다.

[초기 적성개발]

-그는 김 선수가 7세 무렵, 취미 삼아 보라고 사 준 피겨스케이팅 비디오를 보고 선수들의 동작을 열심히 따라 하는 모습을 우연히 본 적이 있다. 그때 그는 아이의 표정에 주목했다. 도저히 일곱 살 철부지의 표정이라고 믿어지지 않을 만큼 진지해 보였다. 박 씨는 이를 예사롭게 넘기지 않았다. 한동안 아이의 모습을 몰래 지켜보다 그것이 김 선수가 가진 재능이 아닐까 생각했다. 그다음 날 바로 아이를 스케이트장에 데려갔다. 박 씨는 "아이들은 모두 무한한 가능성을 지닌 원석"이라며 "그 안에서 보석을 꺼내 주는 것은 부모의 몫"이라고 말했다.

(3) 멘토는 의지적인(WQ) 부문에 얼마나 도움을 주었는가?
　　예: 의지적, 결단력, 윤리적, 본능관리, 자기절제 등

[의지와 결단]

-김 선수가 레슨을 몇 개월 받았을 즈음, 박 씨는 코치와의 성격 다툼으로 불가피하게 피겨를 그만두게 하고 발레 학원에 등록시켰다. 그러나 피겨를 배울 때보다 김 선수의 표정이 밝지 못한 것을 보고 생각을 다시 바꿀 수밖에 없었다.

[슬럼프 극복방법]

-선수라면 한 번씩 슬럼프를 겪는다. 김 선수 역시 중1 올라갈 무렵 사춘기가 찾아와 괴롭혔다. 일찍부터 실력을 인정받아 온 김 양은 더 이상 국내에서는 경쟁상대가 없었기에 피겨에 대한 흥미

도 차츰 잃어 갔다. 그때 박 씨는 국제대회에 출전해 볼 것을 권했다. 그는 "당시 한국의 피겨 위상은 하위권이었기에 연아가 대회에 나가 상처를 받지 않을까 우려하는 사람들이 많았지만 내 생각은 달랐다."며 "한 걸음 더 도약하기 위해서는 세계대회라는 동기부여가 필요했다."고 말했다. 결과는 대성공이었다. 물 만난 고기처럼 김 양은 세계무대에서 자신의 기량을 마음껏 펼쳤다. 동경했던 선수들과 어깨를 나란히 한다는 것만으로도 신선한 자극이 됐다.

그들과 대등한 경기를 하기 위해 출전하고 온 다음에는 더 열심히 연습을 했다. 또한 웬만한 세계대회에선 떨지 않는 대범함도 기를 수 있었다.

[승부욕 자극]

－김 양이 연습을 게을리하거나 힘들어할 때마다 박 씨는 그녀의 승부욕을 자극한다. "그렇게 게으르다가 잠깐 반짝하는 운동선수가 되면 어떻게 하니?"라고 자존심을 건드리면 김 양은 언제 그랬느냐는 듯 연습에 열을 올린다. 남에게 지고는 못 사는 성격임을 간파한 덕분이다.

박 씨는 "스트레스가 없어야 목표를 잘 이루는 아이, 약간의 부담이 있어야 잘해 내는 아이 등 아이들은 저마다 기질이 다르다."며 "부모는 자녀가 어떤 환경에서 최고의 결과를 내는지를 파악해 올바른 방향으로 이끌어야 한다."고 말했다. 그는 극성엄마라는 말을 싫어하지 않는다. 자녀가 발전하기 위해서는 부모의 절대적인 관심과 노력이 필요하다고 생각하기 때문이다. 박 씨는 "모든 판단의 중심은 '연아'"라며 "아이를 위해서라면 때로는 냉정한 행동도 필요하다.”고 말했다.

* 멘토의 영향력 평가표

NO	평가기준	5점 척도(5~1)				
1	전문적 부문(IQ)		4(신)		2	
2	정서적 부문(EQ)	5				
3	의지적 부문(WQ)		4	3(신)		

3) 이 장의 멘토링 활동 특징

- 김연아 선수는 KBS - 2TV 대담(2008.1.1.)에서 “엄마가 없었으면 오늘날 김연아도 있을 수 없었을 것이다.”라고 엄마에게 감사의 말을 잊지 않았다.

김연아는 어머니에게 “예쁜 집을 사 드리고 싶다.”고 입버릇처럼 말하곤 했다.

- 박미희 멘토는 어머니로서 정서적 부문과 의지적 부문이 우수하고 아무래도 피겨 기술 면에서는 당연히 보완 차원에서 현재 세계적인 캐나다 국적의 브라이언 오서 코치의 도움을 받고 있다.

- 신혜숙 멘토는 초등학교 시절 김 선수의 기본기술을 지도하면서 특히 슬럼프를 지혜롭게 극복하는 데 일정한 역할을 감당한 것으로 평가되었다.

NO10 장한나 첼리스트

멘토: 서혜연 어머니

장한나(25세)는 12세 때 프랑스 파리의 로스트로포비치 콩쿠르에서 우승하며 세계적 관심을 받아 왔다. 항상 그 뒤에 멘토 엄마가 있었다. '우리는 서로의 베스트 프렌드'라는 모녀의 관계가 어머니로서 친구로서 이상적이다.

1) 장한나 Profile

출생: 1982년 12월 23일(경기도 수원)
학력: 하버드대학교 철학
수상: 2004년 제10회 칸 협주곡 음반상
경력: 2007년 8월 여수엑스포 홍보대사
　　　2006년 클래식음악전문지 그라모폰 선정 내일의 클래식 슈퍼스타 20인

어렸을 때 서혜연 어머니에 의해 영재성이 개발되어 9살에 미국으로 건너가 본격적인 음악 수업을 받기 시작한 장한나는 11살 때 첼로의 거장 로스트로포비치를 보고 싶은 마음에 참가한 '로스트로포비치 첼로 국제 콩쿠르'에서 대상과 현대음악상을 수상하면서 세계 음악계를 깜짝 놀라게 했다. 로스트로포비치는 흥분을 감추지 못한 채 "천재는 천재를 알아본다."며 극찬을 아끼지 않았다.

2) 멘토의 영향력 이야기

멘토 1: 서혜연(48세) 어머니는 천재성을 발견하고 세계 대연주
　　　　가로 키웠다.

멘토 2: 미샤 마이스키가 미국 유학의 추천인이 되어 주었다.

멘토 3: 로스트로포비치는 대상을 통하여 세계무대의 기회를 제
　　　　공했다.

(1) 멘토는 전문적인(IQ) 부문에 얼마나 도움을 주었는가?

　　예: 기술, 업무, 학습, 지식, 노하우 등

[첼로 시키게 된 동기]

-서 씨는 한나 양에게 첼로를 가르치게 된 동기를 이렇게 설명했다. "내가 대학 때 음악을 전공해 한나가 자연스럽게 음악을 만날 수 있었던 것 같아요. 음악과 함께하는 삶은 풍요롭고 행복하다는 생각에서 한나에게 세 살 적부터 음악을 들려주고 가르쳤습니다. 그리고 한나가 외동딸이어서 음악을 벗 삼아 살아가기를 바라는 마음도 작용했어요. 그렇다고 한나가 전문 연주가가 되기를 바라고 시작한 것은 아닙니다."

[천재성 발견 기회]

-어머니는 "한나가 다섯 살 때 바하의 무반주 첼로 조곡을 듣고 '이렇게 아름다운 음악이 있다는 게 참 행복하다.'고 말하는 것을 듣고 너무 놀라 한나의 음악적 재능을 확신했습니다. 어린 나이에 이런 음악을 아름답다고 받아들이는 것은 흔한 일이 아니잖아요. 이후 교육을 받으면서 음악을 진지하게 듣고 생각하는 것을 보고 음악성이 뛰어나고 흥미도 깊다는 것을 알았습니다."

[악기를 익힐 때]

-서 씨는 특히 어릴 때 음악을 많이 듣게 하는 것이 매우 중요하다고 말한다. 첼로 연주뿐 아니라 다양한 클래식 음악을 접하게 해야 한다는 것이다. "어린이가 한 단어를 익히려면 100번을 들어야 한다는 말이 있잖아요. 새로운 언어인 음악을 배우려면 무엇보다 많이 들어야 하고, 특히 수준 높은 음악을 듣게 하는 것이 중요합니다."

(2) 멘토는 정서적인(EQ) 부문에 얼마나 도움을 주었는가?

　　예: 마음관리, 건강관리, 인간관계관리 등

[칭찬과 격려가 필요]

－그는 첼로 공부 방법에 대해 "처음 테크닉을 터득하는 동안은 훈련이 매우 중요하다." "기본 테크닉의 집중 훈련이 아이를 피곤하게 만들고, 또 음악에 싫증을 내게 할 수 있어 재능 있는 아이들이 중도에 포기하는 일이 많아요. 어린 나이에 고된 훈련 과정을 꾸준히 하기에 벅찬 만큼 부모가 자주 칭찬하고 용기를 북돋아 줘야 한다."고 강조했다.

[레슨 그 이상의 돌봄]

－아이와 음악에 대해 얘기를 나누고, 느낌을 동작이나 이야기로 표현해 보게 하는 것도 중요하다고 말했다. "아이가 지치지 않도록 하는 것도 중요해요. 특히 레슨을 보내는 것으로 부모의 역할을 다 했다는 생각은 절대 금물입니다. 아이가 힘들어할 때 격려하고, 잘할 때 칭찬하고, 지칠 때 보듬어 주는 역할을 해야 합니다."

[음악의 깊이와 철학]

－첼리스트로서 음악의 깊이와 인간의 깊이를 더하는 데 철학이 도움이 될 것이라는 판단에서 하버드대학에 진학, 현재 철학과 문학을 전공하고 있으며 세계적인 오케스트라들과 지속적인 음악 활동을 하며 거장의 반열을 향해 걸어가고 있다.

(3) 멘토는 의지적인(WQ) 부문에 얼마나 도움을 주었는가?
　　예: 의지적, 결단력, 윤리적, 본능관리, 자기절제 등

[천재개발 외국 유학 결단]

　- 국내 음악을 공부하는 아이들은 손가락 번호, 활 긋는 방법 하나하나를 선생님이 정해 주는 대로 한다. 거기에서 어긋나면 혼이 난다. 음악적 아이디어가 많고 이것저것 혼자 해 보는 아이들을 담을 그릇이 없다. 소위 '공정성을 보장하기 위해' 커튼을 치는 국내 콩쿠르만 봐도 알 수 있다. 콩쿠르는 음악가의 태도와 눈빛까지 평가해야 하는데 국내 콩쿠르는 틀에 박힌 똑같은 연주자만 만들어 낸다. 천재적 능력이 있는 아이는 국제 콩쿠르보다 국내 콩쿠르가 더 무섭다는 말에 수긍할 수 있다. 외국처럼 천재를 알아볼 수 있는 눈과 교육시스템이 이 사회에는 없다는 생각이 들었다. 그래서 한나를 유학시킬 결단을 내리게 된 것이다.

[미샤 마이스키가 모델]

　- 첼로를 공부하면서 찾아온 첫 행운은 미샤 마이스키 선생을 만난 겁니다. 그는 예전에 한국에서 연주한 적이 있는데 너무나 감동적이었습니다. 우리에게 새로운 음악 세계가 있다는 것을 깨닫게 해 준 분이었어요. 그때 나는 저분이야말로 한나를 가르칠 수 있는 훌륭한 스승이라는 생각을 하게 됐죠.

[유학의 길 찾아]

　- 첼리스트 미샤 마이스키가 92년 내한했을 때, 나는 가장 비싼

앞자리 표와 저렴한 뒤쪽 자리의 표를 한 장씩 샀다. 나는 앞쪽에, 한나 아빠는 뒤쪽에 앉아 그의 연주를 들었다. 둘 다 좋은 표를 살 여력이 없었던 우리는 연주회가 끝난 뒤 미샤 마이스키에게 한나의 연주 장면이 담긴 비디오테이프를 전달했다. 줄리아드 예비학교에도 이 테이프를 보냈다. 한나의 한국 탈출은 이렇게 시작됐다.

* 멘토 영향력 평가표

NO	평가기준	5점 척도(5~1)				
1	전문적 부문(IQ)		4			
2	정서적 부문(EQ)	5				
3	의지적 부문(WQ)	5				

3) 이 장에서 멘토링 활동 특징

장한나는 11세 때 로스트로포비치 첼로 국제 콩쿠르에서 대상과 현대음악상을 수상하면서 세계 음악계를 깜짝 놀라게 했다. 로스트로포비치는 흥분을 감추지 못한 채 "천재는 천재를 알아본다."며 극찬을 아끼지 않았다.

NO11 박세리 골프선수

멘토: 박준철 아버지

어려서부터 골프천재를 발견하고 계속 스파르타방식으로 골프 전당에까지 올라 골프계의 우상이 된 박세리 선수! 그 뒤에서 멘토가 되어 아버지로서 코치로서 불굴의 투지를 발휘한 두 부녀간 또한 스승 간 아름다운 희망이야기를 소개한다.

1) 박세리 Profile

출생: 1977년 9월 28일(대전광역시)
학력: 숙명여자대학교 정치행정학부
데뷔: 1996년 한국여자프로골프(KLPGA) 입회
수상: 2008년 LPGA 투어 CN 캐나다 여자 오픈 준우승
경력: 2007년 7월 한국여자프로골프협회
　　　(KLPGA) 명예의 전당 헌액
　　　2007년 6월 미국여자프로골프(LPGA) 명예의 전
　　　당 헌액

박세리는 대한민국의 골프선수이다. 충청남도 공주에서 태어난 그는 아버지 박준철의 권유로 골프를 시작했다. 초등학교 어린 나이에 훈련장에서 새벽 2시까지 혼자 남아 훈련을 하는 등 스스로 최고가 되기 위해 쉬는 날도 없이 엄격한 훈련을 받은 것으로 알려져 있다. 1996년에 프로로 전향했고, 1998년에 LPGA 투어에 참가했다. 투어 참가 첫해에 맥도널드 LPGA 챔피언십과 U.S. 여자 오픈에서 우승하면서 신인상을 수상했다. 특히 IMF 구제금융 시대에 실의에 빠진 국민들에게 악전고투 끝에 우승하는 모습이 생중계되면서, 국민적인 영웅으로 떠올랐다. 그 뒤 각종 LPGA 경기에 참가한 박세리는 2003년에는 베어 트로피를 수상하였고 2006년에는 헤더 파 어워드를 수상하고 2007년 6월에는 꿈에도 그리던 LPGA 명예의 전당 입회 자격을 얻어 입회했다. 또 7월에는 KLPGA 명예의

전당에 입회하였다. 2008년 9월 4일 현재는 통산 천만 달러를 돌파하였다.

2) 멘토의 영향력 이야기

멘토 아버지 박준철 님은 박세리 선수가 초등학교 3학년 때 골프에 관한 천재적인 적성을 발견하여 현재까지 매니저처럼 그리고 미래 박 선수 재단 운영까지 구상하고 있다.

여기에서는 멘토 아버지 박준철 님이 박세리 선수를 위하여 얼마나 도움을 주었는가를 '멘토 영향력'으로 분석한 자료를 살펴보기로 하자.

(1) 멘토는 전문적인(IQ) 부문에 얼마나 도움을 주었는가?
　　예: 기술, 업무, 학습, 지식, 노하우 등

[골프 천재발견 학습]

─박세리는 77년 9월 28일 충남 공주에서 출생해 하와이 이민생활 중이던 초등 3학년 때 골프채를 처음 잡았다. 딸의 가능성을 발견한 아버지 박준철(54) 씨는 이민 3년 만에 다시 귀국, 박세리는 유성초등 6학년 시절부터 본격적인 골프수업을 시작했다. 매일 6㎞ 달리기와 800개의 샷 연습, 600번의 퍼팅 연습이 이루어졌고 훈련은 하루도 거르지 않았다.

[스파르타식 훈련]

─스파르타(Sparta)는 B.C.9세기경 과두정치에 의해 세워진 그리스 고대국가였다. 과두정치란 몇 사람이 국가의 지배권을 장악하는 정치를 말한다. 스파르타는 바로 2명의 왕이 종신 공동 통치하는 체제를 수세기 동안 유지했다.

특히 스포츠에 있어서 스파르타식 훈련은 보편화됐다. 극심한 경쟁 속에서 강력한 훈련 없이 정상 정복을 기대한다는 것은 마치 하늘의 별을 따는 일처럼 어렵기 때문이다. 최근 98 맥도널드 LPGA 챔피언십에서 정상에 등극한 박세리 역시 스파르타식 훈련의 결과였던 것으로 전해진다. 25층 건물을 매일 아침 5번 오르내리기, 눈을 뜨면 연습, 또 연습, 한밤중 공동묘지에서 혼자 집 찾아오기 등 아버지 박준철 씨에 의한 혹독한 훈련이 뒤따랐다.

[나비스코대회 독려]

─아버지 박준철 씨가 연신 '잔소리'를 했다. "세리야, 스윙이 오른쪽으로 치우쳤어." "왜? 오늘 이렇게 쳐서 잘됐잖아." 시즌 첫 메

이저 대회인 그라프트 나비스코 챔피언십 2라운드까지 박세리는 2 언더파 공동 7위로 괜찮은 성적을 냈다. 박세리는 LPGA 데뷔 10년의 베테랑에 투어 24승과 최연소 명예의 전당 멤버가 되는 위업도 세웠다. 그러나 박준철 씨는 딸이 아직 '물가에 내놓은 아이'처럼 불안한 모양이다. 이제 박준철 씨는 예전처럼 딸을 그림자처럼 따라다니지 않는다. 그런데 나비스코 챔피언십은 예외다. 딸이 꼭 우승해야 할 대회이기 때문이다.

(2) 멘토는 정서적인(EQ) 부문에 얼마나 도움을 주었는가?
　　예: 마음관리, 건강관리, 인간관계관리 등

[아버지 정이 묻은 훈련]

－그러나 훈련도 훈련 나름. 말 그대로 애정을 갖고 하는 훈련이라야 그 성과를 기대할 수 있는 법이다. 아무리 교육적 또는 어떤 성취를 목적으로 한 훈련이라지만 폭력이 수반되는 훈련은 절대 금물이다. 아버지의 자식에 대한 애정은 결국 스파르타(Sparta)식 교육으로 고밀도, 고집중, 고강도, 고품격 교육이라는 효과를 거둘 수 있는 것이다.

(3) 멘토는 의지적인(WQ) 부문에 얼마나 도움을 주었는가?
　　예: 의지적, 결단력, 윤리적, 본능관리, 자기절제 등

[혼자서 결단]

－해외로 눈을 돌린 박세리는 이듬해인 97년 프로테스트 1위로

미 LPGA에 입문, 세계무대에 첫발을 내디뎠다. 그러나 미국 진출 직후 성적은 부진했다. 국내에서는 경기장마다 아버지가 있었지만 미국에서는 박세리 혼자였고 언어도 통하지 않는 땅에서 그는 향수병에 시달렸다. 국내 언론은 말이 많았고 스폰서인 삼성 측도 귀국조치를 거론했지만 아버지 박준철 씨만은 하루 1시간씩 국제전화로 딸을 격려했다.

[공든 탑의 성과]

－결국 박세리는 데뷔 첫해인 98년 5월, 세계 최고 권위의 메이저대회인 맥도널드 챔피언십에서 우승했다. 그것도 20세 7개월 20일의 나이로 최연소 메이저타이틀을 획득한 것이다. 박세리는 그해 US 여자 오픈에서 또 한 번의 메이저타이틀을 추가하며 총 4개 대회의 우승컵을 안았다. 이후 박세리는 매년 미 LPGA 투어의 4～5개 대회를 석권하며 한국 돌풍의 진원지가 됐다.

* 멘토 영향력 평가표

NO	평가기준	5점 척도(5～1)				
1	전문적 부문(IQ)		4			
2	정서적 부문(EQ)			3		
3	의지적 부문(WQ)	5				

3) 이 장의 멘토링 활동 특징

암울한 IMF 시절인 1998년부터 박 선수는 LPGA 연승으로 온 국민에게 희망을 심어 주었다.

최근 박 선수는 미국 여자골프 명예전당에 입회가 되고 한국 선수들이 뒤를 신지애, 박인비, 최나연 등 '세리키즈'들이 국제대회를 휩쓸고 있다. 20세 안팎의 어린 선수들이지만 실력은 최고 수준으로 인정받고 있다.

멘토 박준철 아버지는 골프선수 출신으로 박 선수의 천재성을 일찍 개발하여 도중 슬럼프를 지혜롭게 극복하고 결국 미국 여자골프 명예전당 헌액의 영광을 안게 되었다.

NO12 김선욱 피아니스트

멘토: 김대진 교수

천재 피아니스트 김선욱은 한국예술종합학교 예술영재로 입학하여 피아니스트 김대진 교수에게 사사하고 국내파로서 처음으로 영국 리즈 국제 피아노 콩쿠르에서 우승했다.

1) 김선욱 Profile

김선욱은 대한민국의 피아니스트이다. 예원중학교 졸업 후 한국 예술종합학교 예술영재로 입학, 피아니스트 김대진에게 사사. 2008 년 한국예술종합학교 음악원 기악과를 졸업하였다.

김선욱(18, 한국예술종합학교 음악원 3년)은 군금호문화재단 영 재 콘서트 출신의 유망주로 어린 나이에 KBS 교향악단, 서울시향, 울산시향 등과 협연, 2005년 초 금호아트홀의 라이징 스타로 발탁 되어 신년 연주회를 공연하다 세계적 권위의 영국 리즈 국제 피아 노 콩쿠르에서 우승했다.

2) 멘토의 영향력 이야기

멘토 김대진(47세) 교수는 김선욱이 피아노를 한 지 17년 됐는데 1999년부터 지금까지 9년을 가르쳤고 현재는 한국예술종합학교 교 수다.

(1) 멘토는 전문적인(IQ) 부문에 얼마나 도움을 주었는가?

　　예: 기술, 업무, 학습, 지식, 노하우 등

[학습에서 본을 보여줌]

- 김선욱은 "혼도 많이 났지만, 선생님 앞에서는 할 말이 없었다."고 했다. "늘 새로운 것에 도전하고 끊임없이 연습하는 모습을 보여주셨거든요. 말보다 행동으로, 연주로 가르쳐 주시는 분이에요. 지금도 마찬가지구요."

[자주 협연으로 실습]

- 선생님과의 협연이 세 번째인 김선욱은 "이건 뭐 레슨도 아니고 연주도 아니고."라며 웃었다. "실수를 하면 선생님 눈치부터 보이고, 끝나면 혼날 것 같아 얼마나 떨렸는지 몰라요. 하지만 점차 편안해졌어요. 말을 하지 않아도 제가 원하는 걸 아시니까요. 오케스트라와의 사이에 벽이 없는 느낌이에요." 김 교수도 "함께 만들어 온 음악이기에 서로 설명이 필요 없다."고 말했다.

(2) 멘토는 정서적인(EQ) 부문에 얼마나 도움을 주었는가?
　　예: 마음관리, 건강관리, 인간관계관리 등

[영재발견]

- 김 교수는 "선욱이 어머니는 자녀가 영재인 줄 몰랐고 스스로 음악을 좋아해서 뒷바라지했을 뿐"이라고 덧붙였다. 김 교수는 한국예술종합학교 영재반에서 학습하고 있는 김선욱 군을 예로 들면서 "영재를 발굴하려는 노력은 의외로 소박하다."라고 말한다.

[이심전심]

- 멀리서 걸어오다 서로를 발견한 스승과 제자는 동시에 "어!"를 외쳤다. 약속이나 한 듯 똑같은 모양의 남색 셔츠를 입고 있었기 때문이다.

[넓은 무대와 큰 그릇]

- 김선욱은 런던으로 거주지를 옮긴다. 세계적 클래식 매니지먼트사인 아스코나스 홀트와 계약을 맺고 본격적으로 세계무대에 진출하는 것이다. 김 교수는 "그릇은 깨지지 않을 만큼 단단하게 빚어진 것 같아 걱정은 안 된다. 그 속에 무엇을 담을지는 스스로의 몫"이라고 했고, 김선욱은 "음악적인 고민이나 선택의 순간에 전화를 하면 언제든 선생님이 도와주실 것이라고 믿기 때문에 변화가 두렵지 않다."고 했다.

[바늘과 실 20년까지 기대]

- 한국을 떠나도 김선욱은 김 교수가 가르치는 프랑스 쿠쉐벨 음악캠프에 학생 자격으로 신청서를 냈다. 2009년 5월에는 수원시향의 베토벤 협주곡 전곡 시리즈로 다시 만났다. 김선욱은 "20년 후에도 선생님과 협연하고 싶다."고 말했다. 음악팬들은 두 사제가 서로에 대한 믿음으로 만들어 내는 음악의 아름다움을 오랫동안 즐길 수 있을 것 같다.

[더 큰 비상을 위해]

- [김대진 스승: 제가 해 줄 수 없는, 이 세상에 어떤 사람도 해

줄 수 없는 자기만의 색깔을 찾는 것이 남아 있다고 생각을 합니다.]

– [김선욱 제자: 평생 제 스승이자 존경하는 음악가로서 또 계속 관계를 유지하고 싶어요.]

(3) 멘토는 의지적인(WQ) 부문에 얼마나 도움을 주었는가?
    예: 의지적, 결단력, 윤리적, 본능관리, 자기절제 등

[너무 재주꾼]

– 한때 김 교수에게 김선욱은 재주가 너무 많아 집중력이 떨어지는, 걱정스러운 제자였다. 악보를 집어 던진 것도 여러 번 봤다. 김선욱의 휴대전화에는 김 교수의 번호가 '악마샘'이라는 이름으로 저장돼 있었다.

[김선욱 비전]

– 그의 꿈은 많지만 그 안에는 훗날 베를린 필하모닉 오케스트라를 지휘하는 것도 포함돼 있다. 방 안에서 혼자 해외 유명 오케스트라의 음반을 틀어 놓고, 벽에는 '지휘자 김선욱'이라고 쓴 종이를 붙여 놓은 채 지휘하는 모습을 흉내 내기도 한다고. 몇 년 전에는 경매에 나온 마에스트로 정명훈의 지휘봉을 수업까지 빼먹으며 낙찰받기도 했다.

* 멘토 영향력 평가표

NO	평가기준	5점 척도(5 ~ 1)				
1	전문적 부문(IQ)	5				
2	정서적 부문(EQ)		4			
3	의지적 부문(WQ)		4			

3) 이 장에서 멘토링 활동 특징

3세 때부터 피아노를 치기 시작한 김 군은 클라라 하스킬 국제 피아노 콩쿠르에서 사상 최연소 우승을 차지했고 18세 때에는 39개국 235명이 참가한 세계적 권위의 영국 리즈 피아노 콩쿠르에서 아시아계에서 최초로 우승했다.

멘토 김대진 교수는 학생들의 무대 리허설을 챙기기로 유명하다. 제자 김선욱이 협연하는 날 오전부터 그는 일정을 쪼개 예술의전당에 들른다. 레슨실이 아니라 실전 무대에서 학생의 특성을 파악하려는 것이다. "학생의 실제 연주 모습을 한 번 보는 것이 레슨 1년 한 효과와 비슷하다."는 것이 그의 지론이다. 그래서 '실전 무대형' 멘토다.

청소년 개발
멘토링
실전전략

초판인쇄 | 2010년 3월 5일
초판발행 | 2010년 3월 5일

지은이 | 류재석
펴낸이 | 채종준
펴낸곳 | 한국학술정보㈜
주　소 | 경기도 파주시 교하읍 문발리 파주출판문화정보산업단지 513-5
전　화 | 031) 908-3181(대표)
팩　스 | 031) 908-3189
홈페이지 | http://www.kstudy.com
E-mail | 출판사업부　publish@kstudy.com
등　록 | 제일산-115호(2000. 6. 19)

ISBN　978-89-268-0862-7 13320 (Paper Book)
　　　　978-89-268-0863-4 18320 (e-Book)

이담 Books 는 한국학술정보(주)의 지식실용서 브랜드입니다.

이 책은 한국학술정보(주)와 저작자의 지적 재산으로서 무단 전재와 복제를 금합니다.
책에 대한 더 나은 생각, 끊임없는 고민, 독자를 생각하는 마음으로 보다 좋은 책을 만들어갑니다.